谁是抗日战争的中流砥柱？

——兼论国共两党抗战中思想上政治上的路线

李慎明　张顺洪 / 著

中国社会科学出版社

图书在版编目（CIP）数据

谁是抗日战争的中流砥柱？——兼论国共两党抗战中思想上政治上的路线/李慎明，张顺洪著 .—北京：中国社会科学出版社，2016.8
ISBN 978－7－5161－8589－6

Ⅰ.①谁… Ⅱ.①李… ②张… Ⅲ.①抗日战争—研究—中国 Ⅳ.①K265.07

中国版本图书馆 CIP 数据核字（2016）第 160403 号

出 版 人	赵剑英
责任编辑	喻　苗
责任校对	朱妍洁
责任印制	王　超

出　　版	中国社会科学出版社
社　　址	北京鼓楼西大街甲 158 号
邮　　编	100720
网　　址	http://www.csspw.cn
发 行 部	010－84083685
门 市 部	010－84029450
经　　销	新华书店及其他书店
印刷装订	三河市君旺印务有限公司
版　　次	2016 年 8 月第 1 版
印　　次	2016 年 8 月第 1 次印刷
开　　本	880×1230　1/32
印　　张	5.5
插　　页	2
字　　数	78 千字
定　　价	29.00 元

凡购买中国社会科学出版社图书，如有质量问题请与本社营销中心联系调换
电话：010－84083683
版权所有　侵权必究

目 录

引言 …………………………………………（1）

一 抗日战争时期中国共产党制定执行了
  正确的政治上的路线 …………………（7）

二 正确的思想上的路线是正确的政治上的
  路线的根基 ……………………………（37）

三 从国共两党在两个不同战场上的不同作用看
  中国共产党思想上政治上路线的正确 ………（69）

四 "党的思想上的路线"与"党的政治上的
  路线"相互关系浅析及历史启示 …………（129）

附录 青年学生的爱国情怀和对历史问题的深切关注
　　——对李慎明、张顺洪抗日战争研究文章
　　热烈反响的来信摘编……………………（145）

引 言

2015年7月30日，习近平总书记在主持中共中央政治局第二十五次集体学习时强调指出："长期以来，对中国人民抗日战争的研究，党史部门、军史部门、高等院校、社科研究机构等单位做了大量工作，取得了许多重要成果。宣传文化部门和社会各界也做了很大努力。同时，同中国人民抗日战争的历史地位和历史意义相比，同这场战争对中华民族和世界的影响相比，我们的抗战研究还远远不够，要继续进行深入系统的研究。""今年是中国人民抗日战争暨世界反法西斯战争胜利70周年"，要"着力研究和深入阐释中国人民抗日战争的伟大意义、中国人民抗日战争在世界反法西斯战争中的重要地位、中国共产党的中流砥柱作用是中国人民抗日战争胜利的关键等重大问题"。[1]落实习近平总书记这一指示，十分重要。

抗日战争是中华民族一百多年来第一次取得的反侵略完全胜利的民族解放战争，开辟了中华

---

[1]《习近平在中共中央政治局第二十五次集体学习时强调　让历史说话用史实发言　深入开展中国人民抗日战争研究》，《人民日报》2015年8月1日第1版。

谁是抗日战争的中流砥柱？

民族伟大复兴的光明前景。

根据马克思主义的基本观点，可以得出这样的结论：任何重大结果总是有着多个原因，但根本原因只能有一个，这就如同任何历史时期的主要矛盾只能有一个一样，否则就是"二元论"。

现在，大家都已基本形成"中国共产党是抗日战争胜利的中流砥柱"这样一个共识，但追根溯源，这一结论是不是问题最终答案或顶层答案的根本性因素呢？

在中国抗日战争全面爆发的第二个月，毛泽东在他的哲学名著《矛盾论》中指出："一个政党要引导革命到胜利，必须依靠自己政治路线的正确和组织上的巩固。"[①] 1971年"林彪事件"发生后，针对林彪"有了政权就有了一切"的观点，毛泽东在一次谈话时明确指出："思想上政治上的路线正确与否是决定一切的。党的路线正确就有一切，没有人可以有人，没有枪可以有枪，没有政权可以有政权。路线不正确，有了也

---

① 毛泽东：《矛盾论》，《毛泽东选集》第1卷，人民出版社1991年版，第303页。

引 言

可以丢掉。"① 我们认为，"思想上政治上的路线正确与否是决定一切的"，这是一个非常重要的科学结论。一个政党要引导一个国家和民族取得革命、建设和改革的胜利，最为关键、最为重要的是必须依靠自身思想上政治上的路线的正确。

真正认清毛泽东的上述结论，不仅对于正确总结伟大抗日战争胜利的经验，而且对于我们坚持和发展中国特色社会主义，都具有十分重要的意义。

我们丝毫不否认蒋介石及其政府在抗日战争中的作用甚至在特定条件下的重要贡献。在这场事关中华民族生死存亡的战争中，国共两党有一些相同点；但也存在着不少根本性的差异。

对国共两党和正面、敌后两个战场在战争中所起的作用，一直有着不少的争议，本书试图结合对主题的阐发，对相关问题顺便作一些解读，以期回答"究竟谁是抗日战争的中流砥柱"这一问题。

---

① 中共中央文献研究室编：《建国以来毛泽东文稿》第13册，中央文献出版社1998年版，第242页。

一　抗日战争时期中国共产党制定执行了正确的政治上的路线

1. 中国共产党主张坚决抗战，彻底驱逐日本侵略者出中国。九一八事变后，中国共产党立即发出了抗战宣言，动员全民抗战。1932年4月15日，中国共产党领导的毛泽东任主席的中华苏维埃共和国临时中央政府正式对日宣战，而此时国民党面对日本侵略却采取"不抵抗"和"攘外必先安内"政策，调动大军"围剿"红军。1941年12月7日日本偷袭珍珠港，8日美对日宣战之后，9日国民党才对日宣战。这比中国共产党晚了近10年。中华民国政府1941年12月9日发表的对日宣战的文告如下："中国为酷爱和平之民族，过去四年余之神圣抗战，原期侵略者之日本，于遭受实际之惩创后，终能反省，在此时期，各友邦亦极端忍耐，冀其悔祸，俾全太平洋之和平，得以维持；不料残暴成性之日本，执迷不悟，且更悍然向我英、美诸友邦开衅，扩大其战争侵略行动，甘为破坏全人类和平与正义之戎首，逞其侵略无厌之野心。举凡尊重信义之国家，咸属忍无可忍。兹特正式对日宣战，昭告中外，所有一切条约、协定、合同，有涉及中、日间之关系者，一律废止，特此布告。"①用酷爱和平掩饰自己对侵略者的忍让、妥协甚至投降，则应是国民党在抗日战争中的一个发明。1937年7月7日卢沟桥事变爆发。翌日，中共中央即向全国发出通电，呼吁全国同胞、政府和军队团结起来，筑成民族统一战线的坚固长城，抵抗日本的侵略，国共两党合作抵抗日本的新进攻。同日，毛泽东同志等又致电蒋介石，表示红军将士愿为国效命，以达保土卫国之目的。7月13日，毛泽东同志题词："保卫平津、保卫华北、保卫全国，同日本帝国主义坚决打到底，这是今日对日作战的总方针。"②并在延安市共产党员与机关工作人员紧急会议上，号召每一个共产党员与抗日的革命者，应该沉着地完成一切必需准备，随时出动到抗日前线。同日还转告蒋介石：

---

① 《国民政府对日宣战文》，秦孝仪主编《中华民国重要史料汇编——对日抗战时期·作战经过》（三），（台北）中国国民党中央委员会党史委员会编印，1981年版，第207—208页。

② 中共中央文献研究室编：《毛泽东年谱》（一八九三——一九四九）（修订本），中卷，中央文献出版社2013年版，第2页。

一 抗日战争时期中国共产党制定执行了正确的政治上的路线

红军主力准备随时出动抗日,已令各军十天内准备完毕,待命出动,同意担任平绥线国防。而7月17日,蒋介石才在庐山发表谈话,宣布准备实行对日抗战。这比共产党整整晚了十天。1939年1月21日至1月30日国民党在重庆召开了五届五中全会,虽然全会仍然声言要"坚持抗战到底",但按蒋介石的明确解释,这个"底"就是恢复七七事变以前的状态,这就是默认日本侵略者对东北、华北的侵占,要把整个东北及其华北被日本占领的国土和国土上的人民世代继续交由日寇蹂躏。毛泽东在1939年2月28日召开的中共中央书记处会议上的讲话中针锋相对提出:"我们的口号是打到鸭绿江,收复一切失地"。[①] 1939年6月,毛泽东发表纪念抗战两周年的文章《反对投降主义》,针对国民党的妥协投降倾向又明确指出:"我们仅仅愿意和全国一切爱国党派、爱国同胞一道,巩固团结,巩固抗日民族统一战线,巩固国共合作,

---

[①] 中共中央文献研究室编《毛泽东年谱》(一八九三——一九四九)(修订本),中卷,第116页。

谁是抗日战争的中流砥柱？

实行三民主义，抗战到底，打到鸭绿江边，收复一切失地，而不知其他。"① 当正面战场国民党军队溃退之时，中国共产党领导的人民武装却迎着喧嚣的日本侵略者挺进敌后，开辟敌后战场。这些事实，不仅充分说明中国共产党从一开始就坚决抵抗日本的侵略，还体现出中国共产党抗战的坚定性和全面性，把抗战到底作为自己始终不渝的路线。而蒋介石政府却不时表现出严重的对日妥协投降倾向。1939年1月21日至1月30日，国民党在重庆召开了五届五中全会，虽然全会仍然声言要"坚持抗战到底"，但按蒋介石的明确解释，这个"底"就是恢复七七事变以前的状态，就是说要把整个东北及其他被日本占领的国土和国土上的人民世代继续交由日寇蹂躏。② 这与中国共产党一贯坚持坚决抗战，完全驱逐日本帝国主义出中国、

---

① 毛泽东：《反对投降主义》，《毛泽东选集》第2卷，人民出版社1991年版，第571页。
② 中共中央文献研究室编：《毛泽东年谱》（一八九三——一九四九）（修订本），中卷，第107页；参见沈予《抗日战争前期蒋介石对日议和问题再探讨》，《抗日战争研究》2000年第3期，第83—84页。

一　抗日战争时期中国共产党制定执行了正确的政治上的路线

收复一切失地，形成鲜明对比。

然而，值得注意的一个问题是，近些年来学界有人"误读"毛泽东在20世纪60年代初的某些讲话，宣称毛泽东赞扬日本侵略，认为日本侵略是好事，应该感谢日本侵略。这样的"误读"本质上是要否定中国共产党对抗日战争胜利的伟大贡献。让我们看看毛泽东究竟是怎样"感谢"日本的？

1960年6月21日，毛泽东会见日本文学代表团时说："我同很多日本朋友讲过这段事情，其中一部分人说日本侵略中国不好。我说侵略当然不好，但不能单看这坏的一面，另一面日本帮了中国的大忙。假如日本不占领大半个中国，中国人民不会觉醒起来。在这一点上，我们要'感谢'日本'皇军'。"[①] 1961年1月24日，毛泽东在会见日本社会党国会议员黑田寿男时讲："我们国家的人民，也是由国内敌人和国外敌人教育的，其中也包括日本军国主义者

[①] 中华人民共和国外交部、中共中央文献研究室编：《毛泽东外交文选》，中央文献出版社、世界知识出版社1994年版，第438页。

谁是抗日战争的中流砥柱？

的教育。日本的南乡三郎见我时，一见面就说：日本侵略了中国，对不住你们。我对他说：我们不这么看，是日本军阀占领了大半个中国，因此教育了中国人民，不然中国人民不会觉醒，不会团结，那末我们到现在也还在山上，不能到北京来看戏。就是因为日本'皇军'占领了大半个中国，中国人民别无出路，才觉悟起来，才武装起来进行斗争，建立了许多抗日根据地，为解放战争的胜利创造了条件。所以日本军阀、垄断资本干了件好事，如果要'感谢'的话，我宁愿'感谢'日本军阀。"①

的确，毛泽东这里讲了"感谢"，但他讲"感谢"决不是赞成日本侵略。这里讲"感谢"，我们认为有两层含义：**一是**讲日本军国主义者是反面教材，他们侵略中国的行为"教育"了中国人民，使中国人民觉醒了；**二是**讲日本军国主义者侵略中国这个坏事，却促使了中国人民的团结，迫使中国人民起来战斗，中国人民因此强大

---

① 中华人民共和国外交部、中共中央文献研究室编：《毛泽东外交文选》，第460—461页。

起来了，不仅打败了日本侵略者，还为打倒国民党反动派、取得中国革命的胜利创造了条件。日本侵略这个坏事却促成了中国革命胜利这个好事。这是对历史发展的一种辩证分析。

毛泽东常常把敌人当作反面教员，并且善于用辩证唯物主义方法来分析事物，对待面临的困难和挑战。1958年10月2日，毛泽东在与苏联、波兰等国代表团讲话时说："有一个蒋介石比较好，是不是？你们觉得有一个好还是没有好？没有蒋介石中国人民就不能进步，就不能团结起来，也不能武装起来。单是马克思主义是不能把中国人民教育过来的，所以我们除了马克思主义者的教员以外，请了另外一个教员，这就是蒋介石。"谈到国际上反面教员问题时，毛泽东讲："教员还是有的，有杜勒斯，这不是一个好教员吗？世界上没有杜勒斯事情不好办，有他事情就好办。所以我们经常感觉杜勒斯跟我们是同志。我们要感谢他。"[①]

---

① 中华人民共和国外交部、中共中央文献研究室编：《毛泽东外交文选》，第355—356页。

谁是抗日战争的中流砥柱？

1960年10月22日，毛泽东同斯诺谈到美国等国对中国经济封锁时讲："他们对我们进行封锁，就和国民党那时对我们的经济封锁一样。很感谢国民党对我们的经济封锁，使得我们没有办法，只好自己搞，致使我们各个根据地都搞生产。……我们要感谢他们，是他们使我们自己搞生产，不依赖他们。现在美国也对我们搞封锁，这个封锁对我们有益处。"[①]

1964年7月9日，毛泽东会见亚洲、非洲、大洋洲的一些国家和地区的代表时讲："事实上，日本军国主义当了我们的好教员：第一，它削弱了蒋介石；第二，我们发展了共产党领导的根据地和军队。"毛泽东接着还指出，"我们的第二个教员，帮了我们忙的是美帝国主义。第三个帮了我们忙的教员是蒋介石。当时蒋介石有四百多万军队向我们进攻，我们的军队同他打了四年仗，从过去一百二十万发展到三百多万。蒋介石的百分之九十五以上的军队统统

[①] 中华人民共和国外交部、中共中央文献研究室编：《毛泽东外交文选》，第451页。

被我们消灭，只剩下百分之五不到的军队跑到台湾去了。中国得到的教训是这样：有压迫，就有反抗；有剥削，就有反抗。帝国主义，不管是日本帝国主义、美帝国主义或其他帝国主义，都是可以打倒的。"①

毛泽东以上的讲话既有"两岸猿声啼不住，轻舟已过万重山"的举重若轻的乐观精神与幽默的语言风格，同时也充分体现出他的深刻的辩证唯物主义思想；其内含和外延都是十分清楚的，完全不应该出现其他的"误读"。某些人仅从字面上解释毛泽东的有关讲话，恐怕是别有想法和另有它图。

2. 中国共产党紧紧依靠广大人民群众，实行全民抗战。七七事变发生20多天后的1937年7月31日，蒋介石对身边亲信透露"可支持六个月"。1931年9月，蒋介石还说："枪不如人，炮不如人，教育训练不如人，机器不如人，工厂不如人，拿什么和日本打仗呢？若抵抗日

---

① 中华人民共和国外交部、中共中央文献研究室编：《毛泽东外交文选》，第535页。

谁是抗日战争的中流砥柱？

本，顶多三天就亡国了。"① 国民党中央宣传部长周佛海也断言："中国人的要素，物的要素，组织的要素，没有一种能和日本比拟，战必败。"② 他们只看到国民政府手中的有限资源。

而早在1935年12月27日，毛泽东就指出："组织千千万万的民众，调动浩浩荡荡的革命军，是今天的革命向反革命进攻的需要。只有这样的力量，才能把日本帝国主义和汉奸卖国贼打垮，这是有目共见的真理。"③ 1938年5月毛泽东发表的《论持久战》，深入阐发了中国民众中蕴含的巨大能量，强调弱国要不被消灭而且战胜强国，就必须全民动员起来，进行人民战争，这样才能取得持久抗战的胜利。1941年5月18日，《解放日报》发表了毛泽东写的社论《请看今日之域中竟是谁家之天下》。社论指出：对于中国发展着的抗日战争，很多人是

---

① 冯玉祥：《我所认识的蒋介石》，黑龙江人民出版社1980年版，第30页。
② 金一南：《从空前觉醒到伟大复兴——论抗日战争胜利对于中华民族的伟大意义》，人民网 http://dangshi.people.com.cn/n/2015/0720/c85037-27328790-2.html。
③ 毛泽东：《论反对日本帝国主义的策略》，《毛泽东选集》第1卷，人民出版社1991年版，第155页。

一 抗日战争时期中国共产党制定执行了正确的政治上的路线

估计过低的,殊不知"基本上决定日本的动向的正是中国"。"中国现在是一堆民族革命的大火,在这里高举着火炬的是几万万人,而共产党则站在这个火炬行列的最前线。""世界究竟是谁人的世界?帝国主义强盗们说一定是他们的世界,而人民则说一定是人民的世界。中国究竟是谁人的中国?日本帝国主义者说一定是它的中国,而我们则说一定是中国人的中国。'请看今日之域中,竟是谁家之天下'呢?只有人民,只有我们,才能正确答复这个问题。""世界上一切反动派都无法估计革命力量之发展,这一点是反动派们注定了的致命伤。"[1] 抗战胜利前夕,中国共产党第七次全国代表大会制定的党的路线就是:"放手发动群众,壮大人民力量,在我党的领导下,打败日本侵略者,解放全国人民,建立一个新民主主义的中国。"[2] 这一路线充分体现了中国共产党紧紧依靠人民群众抗战的政治路线。

---

[1] 中共中央文献研究室编:《毛泽东年谱》(一八九三——一九四九)(修订本),中卷,第298页。
[2] 毛泽东:《愚公移山》,《毛泽东选集》第3卷,人民出版社1991年版,第1101页。

谁是抗日战争的中流砥柱？

全面抗战路线充分体现了中国共产党的宗旨和"人民战争"的思想。在八年抗战期间，中国共产党始终坚持依靠人民群众实行全民抗战。**日本著名的史学家井上清说："日本在第二次世界大战中不仅败于美国，而且更惨的是败于中国。正确地说，败给了中国人民。"**①

3. 中国共产党积极倡导、推动建立并努力维护抗日民族统一战线。中国共产党是抗日民族统一战线忠诚的倡导者、推动者、维护者、组织者和执行者。中国共产党首先向全国人民宣示停止内战一致抗日，呼吁建立全民族抗日统一战线。1935年12月，中共中央政治局瓦窑堡会议制定了建立抗日民族统一战线的策略。1936年12月12日，西安事变发生后，中国共产党积极协调、推动西安事变和平解决，目的就是要达到"逼蒋抗日""联蒋抗日"，以避免中国新的大规模内战，也促进了抗日民族统一战线的建立。1937年7月15日，中共中央将

---

① 中共中央党校党史研究室科研部编：《纪念抗日战争胜利五十周年学术研讨会文集》上卷，中央党史出版社1996年版，第160页。

一 抗日战争时期中国共产党制定执行了正确的政治上的路线

《中国共产党为公布国共合作宣言》送交国民党。《宣言》提出发动全民族抗战、实行民主政治和改善人民生活三项基本要求,重申中共为实现国共合作的四项保证。同年9月23日,蒋介石才在庐山发表谈话,同意这一宣言,表示团结御侮的必要,承认中国共产党的合法地位,宣布了国共两党合作的成立。这比共产党晚了两个多月。在抗战时期,中国共产党始终精心维护抗日民族统一战线。即使在蒋介石政府实行"溶共、防共、限共、反共"反动政策时的1939年7月9日,毛泽东在对陕北公学开赴华北抗日前线的同学讲话中仍指出:现在时局的特点是妥协投降分子要闹分裂,我们就以抗战的进步、全国的团结、坚持统一战线来对付。一定要坚持抗日民族统一战线,坚持国共长期合作,凡是可以多留一天的,我们就留他一天,能够争取他半天一夜都是好的,甚至留他吃了早饭再去也是好的。[①] 1941年1月6日至12日,

---

[①] 中共中央文献研究室编:《毛泽东年谱》(一八九三——一九四九)(修订本),中卷,第132页。

谁是抗日战争的中流砥柱？

令人痛心的皖南事变发生，新四军9000多人被国民党80000多人包围，激战7昼夜，终因寡不敌众，除2000余人突围外，3000余人壮烈牺牲，3600余人被俘或失散。即使如此，中国共产党依然以抗战大局为重。毛泽东在会见印度援华医疗队的巴苏华时指出：中国共产党仍坚持把日本侵略者作为打击的主要敌人。如果国民党企图破坏这一全国的主要政治方向，它必将遭到反击，它的计划必将失败，但中国共产党绝不鼓励内战。① 此后，毛泽东还指出：蒋介石之所以发动皖南事变，"均是想以反共停止敌人进攻"；"岂知日本人的想法另是一样"，"利用国共冲突，乘机进攻"。"故河南进攻，对蒋是一瓢极大的冷水，把他的全部的幻想打破了。"② 皖南事变发生后，毛泽东确定了对国民党蒋介石"政治上取全面攻势，军事上取守势"

---

① 中共中央文献研究室编：《毛泽东年谱》（一八九三——一九四九）（修订本），中卷，第254页。
② 同上书，第269页。

的策略。① 对待国民党，也要区分不同派别。1941年2月2日，毛泽东关于日军进攻态势及中共在政治、军事上的方针问题，和朱德、王稼祥致电彭德怀、左权、刘少奇、陈毅、周恩来、董必武等指出：新四军已成全国人民心目中极荣誉的军队，这是皖南代价换来的。统战方面，注意团结中条山、河南、湖北各友军，"大大发展交朋友，共同打退日寇的进攻，良机难得，以德报怨"②。在抗战的整个历史时期，在处理国共两党关系上，中国共产党坚决反对对日妥协乃至投降，并尽全力避免军事冲突，避免与蒋介石决裂，始终致力于巩固和扩大抗日民族统一战线。

在抗日战争时期，中国共产党还努力团结全国各类抗日民主力量，发展与各民主党派的关系，以结成最广泛的巩固的统一战线。1937

---

① 中共中央文献研究室编：《毛泽东年谱》（一八九三——一九四九）（修订本），中卷，第262页；毛泽东：《目前的国共关系和我们的策略》，《毛泽东文集》第2卷，人民出版社1993年版，第330页。

② 中共中央文献研究室编：《毛泽东年谱》（一八九三——一九四九）（修订本），中卷，第267—268页。

谁是抗日战争的中流砥柱？

年10月9日，就在敌后和迫近敌人地区是否没收大地主问题，毛泽东和张闻天致电朱德、彭德怀、任弼时："大地主而未为汉奸者，当然不在没收之列。在一切汉奸分子中，首先应坚决没收大地主，而对中层分子之为汉奸者，在未得民众同意以前，不应急于没收。工农中有被迫为汉奸者，应取宽大政策，以说服教育为主。这是统一战线中的阶级路线，有向全体明确说明的必要。"① 1940年12月13日，毛泽东在出席中共中央政治局会议时的发言中还明确提出：要把亲日派资产阶级与英美派资产阶级加以区别。②

日本帝国主义侵略中国，是要把整个中国从几个帝国主义国家都有份的半殖民地状态改变为日本独占的殖民地状态。这就为建立国际统一战线提供了可行性。1938年2月11日，毛泽东在延安反侵略大会上作讲演时说：现在世

---

① 中共中央文献研究室编：《毛泽东年谱》（一八九三——一九四九）（修订本），中卷，第30页。
② 同上书，第241页。

一　抗日战争时期中国共产党制定执行了正确的政治上的路线

界的侵略者结成一条侵略阵线，世界的反侵略者则团结世界上大多数人民保卫世界的和平，这两个相反方向的阵线在全世界斗争着。现在有三个反侵略的统一战线，即中国的统一战线，世界的统一战线，日本人民的统一战线。反侵略是今天世界政治的总方向。在世界人民和日本人民的援助下，中国一定能战胜日本侵略者，悲观主义是没有根据的。[①] 1941年7月6日，毛泽东致电周恩来指出："苏联战局有渐趋稳定形势，日本似不是攻苏而是牵制英、美，英、美均同情苏联，国共关系有好转可能。""不管是否帝国主义国家，凡反法西斯者就是好的，凡助法西斯者就是坏的，以此来分界限，不会错的。"[②] 中国共产党还力争建立和维护与美国的统一战线，有力地促使蒋介石政府留在统一战线之内。1944年10月23日，美国驻华大使赫尔利对董必武、林伯渠说，蒋介石21日交他一方案，被他当场

[①] 中共中央文献研究室编：《毛泽东年谱》（一八九三——一九四九）（修订本），中卷，第50—51页。
[②] 同上书，第311页。

谁是抗日战争的中流砥柱？

退回。至于方案的内容，他保守秘密。他只打了一个比喻说，蒋叫你们在前面打，他们在后面打，意思就是要消灭你们。他问蒋为什么不可以和共产党并肩作战？他已告蒋，要马上行动，实行民主，释放政治犯，不能再等了。①

　　同时，毛泽东还高度重视社会主义的苏联在国际统一战线中的作用。1939年9月14日，毛泽东在延安干部大会上作关于第二次帝国主义战争的讲演中明确指出：从英、法等帝国主义国家参加战争的现在开始，第二次帝国主义战争进入第二阶段，即已是帝国主义的世界大战。一切直接间接参加战争的帝国主义国家，不论是德、意、日，不论是英、美、法，都是为了重新瓜分殖民地半殖民地和势力范围，为了掠夺世界人民。所以，第二次帝国主义战争是非正义的掠夺的战争。第二次帝国主义世界大战是持久的战争，其规模将比第一次世界大战大得多。社会主义国家苏联将在这个战争中

---

①　中共中央文献研究室编：《毛泽东年谱》（一八九三——一九四九）（修订本），中卷，第553页。

一　抗日战争时期中国共产党制定执行了正确的政治上的路线

起维护人类利益、干涉帝国主义的伟大作用。中国、苏联、各国人民解放运动、各国民族解放运动，应该组成坚固的革命的统一战线，用以对抗反革命的统一战线。世界的前途是光明的，中国的前途也是光明的，一个自由独立的新中国将会出现。[①] 果然，十年过去，新中国正式宣告成立。

1941年，蒋介石政府制造皖南事变后，美国立即决定将拟援华的5000万美元暂缓实施。[②] 苏联驻中国大使潘友新立即会见蒋介石，指出中国内战意味着灭亡。使馆武官崔可夫也向何应钦和白崇禧表示内战有害于反侵略斗争，暗示继续内战可能导致苏联方面停止援助。[③] 仅此就可以充分说明国际统一战线的重要作用。

在倡导、推动建立并努力维护抗日民族统一战线的过程中，中国共产党一直毫不动摇地

[①] 中共中央文献研究室编：《毛泽东年谱》（一八九三——一九四九）（修订本），中卷，第139页。

[②] 中共中央党校党史研究室科研部编：《纪念抗日战争胜利五十周年学术研讨会文集》上卷，中央党史出版社1996年版，第173页。

[③] 中共中央文献研究室编：《毛泽东年谱》（一八九三——一九四九）（修订本），中卷，第263页。

谁是抗日战争的中流砥柱？

始终坚持党对统一战线的领导，并坚持党在统一战线中的独立自主原则。早在全面抗战前的1937年5月，毛泽东就指出："离开了无产阶级及其政党的政治领导，抗日民族统一战线就不能建立，和平民主的抗日目的就不能实现，祖国就不能保卫，统一的民主共和国就不能成功。"① 在抗日战争的统一战线中，最为重要的就是国共合作。1937年11月，毛泽东又尖锐指出："在统一战线中，是无产阶级领导资产阶级呢，还是资产阶级领导无产阶级？是国民党吸引共产党呢，还是共产党吸引国民党？在当前的具体的政治任务中，这个问题即是说：把国民党提高到共产党所主张的抗日救国十大纲领和全面抗战呢，还是把共产党降低到国民党的地主资产阶级专政和片面抗战？""为什么要这样尖锐地提出问题呢？"这是因为："一方面，中国资产阶级的妥协性，国民党实力上的优势"等；"另一方面，共产党内理论水平的不平

---

① 《毛泽东选集》第1卷，第262页。

一　抗日战争时期中国共产党制定执行了正确的政治上的路线

衡","党内小资产阶级成分的大量存在,一部分党员对过去艰苦斗争的生活不愿意继续的情绪,统一战线中迁就国民党的无原则倾向的存在"等,"由于上述两方面的严重的情况,必须尖锐地提出谁领导谁的问题,必须坚决地反对投降主义"。[①] 1939年10月,毛泽东又指出:"中国共产党的政治路线的重要一部分,就是同资产阶级联合又同它斗争的政治路线。"[②] 正因为我们党毫不动摇地始终坚持独立自主的原则,坚持党对统一战线的领导,抗日民族统一战线才得以巩固和加强,才确保了抗日战争的最后而伟大的胜利。由于篇幅所限,笔者在这里只能引用毛泽东关于这方面的极少一部分的精彩论述。在当今经济全球化、国际金融危机和国内社会主义市场经济体制改革都在深入发展的情况下,在国内外机遇与挑战都前所未有的情况下,重温毛泽东以上有关论述,对于进一步指导我们建立、巩固、发展国际和国内最

---

① 《毛泽东选集》第2卷,第391—392页。
② 同上书,第608页。

谁是抗日战争的中流砥柱？

广泛的统一战线，都有着重要的现实意义。现在网上广泛流传的毛泽东关于"政治就是把我们的人搞得多多的，把敌人搞得少少的"论述如果是真实的话，笔者认为，这也是在充分肯定"党的思想上政治上路线正确"的前提下所讲的。离开党的思想上政治上路线的正确与否去谈论人的多少，正如毛泽东所说，路线不正确，有了也可以丢掉。

1956年4月，毛泽东在《论十大关系》的重要讲话中指出："提出这十个问题，都是围绕着一个基本方针，就是要把国内外一切积极因素调动起来，为社会主义事业服务。"① "我们一定要努力把党内党外、国内国外的一切积极的因素，直接的、间接的积极因素，全部调动起来，把我国建设成为一个强大的社会主义国家。"② 其实，在抗日战争中，毛泽东领导的中国共产党早就实行了把党内党外、国内国外的一切积极因素，直接的、间接的积极因素，全部调动起来，

---

① 《毛泽东文集》第7卷，人民出版社1999年版，第23页。
② 同上书，第44页。

一 抗日战争时期中国共产党制定执行了正确的政治上的路线

结成最广泛的抗日战争统一战线,为着把日本侵略者彻底赶出中国而奋斗。在对抗日战争胜利根本因素的探寻上,中国共产党从来没有一党独揽全功,而是共产党实行的群众路线,领导了全民全面抗战的政治路线。从广义上讲,这个全民,包括了国民党政府和各路军阀以及所有自觉或不自觉参加抗战的一切阶级阶层。

4. 中国共产党执行持久战的最基本方针,毅然挺进敌后,广泛开展独立自主的山地游击战和有条件的运动战,建立敌后根据地。在革命战争年代,如何取得战争的胜利,这是党的中心任务。因此,根据敌我双方和各方面的实际,制定正确的军事路线和战略战术,是体现党的政治路线是否正确的关键环节。在第二次国内革命战争时期,中国共产党积累了丰富的依托根据地开展游击战的经验。1937年8月22—25日在洛川冯家村召开的中共中央政治局扩大会议上,毛泽东作了军事问题和国共两党关系问题的报告。在谈到军事问题时,他特别强调:我们的任务是动员一切力量争取抗战胜

谁是抗日战争的中流砥柱？

利，最基本的方针是持久战。红军的基本任务是：创造根据地；钳制和相机消灭敌人；配合友军作战（战略支援任务）；保存和扩大红军；争取民族革命战争领导权。红军的战略方针是独立自主的山地游击战，包括在有利条件下消灭敌人兵团和在平原发展游击战争。在统一战线下是相对的独立自主，但一定要争取战略方针的共同商量；游击战争的作战原则是分散以发动群众，集中以消灭敌人，打得赢就打，打不赢就走；山地战要达到建立根据地，发展游击战争，小游击队可到平原地区发展。① 但对开展独立自主的山地游击战和有条件的运动战这一战略方针，也有不少将士并不理解。毛泽东通过各种方式努力作好耐心细致的思想政治工作。1937年9月21日，他致电彭德怀，进一步阐明八路军的战略方针："今日红军在决战问题上不起任何决定作用，而有一种自己的拿手好戏，在这种拿手戏中一定能起决定作用，这就

---

① 中共中央文献研究室编：《毛泽东年谱》（一八九三——一九四九）（修订本），中卷，第15—16页。

一 抗日战争时期中国共产党制定执行了正确的政治上的路线

是真正独立自主的山地游击战（不是运动战）。要实行这样的方针，就要战略上有有力部队处于敌之翼侧，就要以创造根据地发动群众为主，就要分散兵力，而不是以集中打仗为主。集中打仗则不能做群众工作，做群众工作则不能集中打仗，二者不能并举。然而，只有分散做群众工作，才是决定地制胜敌人、援助友军的唯一无二的办法，集中打仗在目前是毫无结果可言的。目前情况与过去国内战争根本不同，不能回想过去的味道，还要在目前照样再做。我完全同意你十八日电中'使敌虽深入山西，还处在我们游击战争的四面包围中'这个观点。请你坚持这个观点，从远处大处着想，对于个别同志不妥当的观点给与深刻的解释，使战略方针归于一致。"[1] 在1937年12月9—14日的中共中央政治局会议上，陈绍禹在会上作题为《如何继续全国抗战与争取抗战胜利呢？》的报告，批评了洛川会议以来中央采取的各项正确

---

[1] 中共中央文献研究室编：《毛泽东年谱》（一八九三——一九四九）（修订本），中卷，第23页。

谁是抗日战争的中流砥柱？

方针和政策，否认统一战线中的独立自主原则，主张"一切经过统一战线"；反对提国民党和共产党谁吸引谁的问题，主张共同负责共同领导。毛泽东11日、12日在会上作了两次发言，重申并坚持洛川会议确定的方针和政策。他说：国民党与共产党谁吸引谁这个问题是存在的，不是说要将国民党吸引到共产党，而是要国民党接受共产党的政治影响。如果没有共产党的独立性，便会使共产党降低到国民党方面去。我们所谓独立自主是对日本作战的独立自主。战役战术是独立自主的。抗日战争总的战略方针是持久战。红军的战略方针是独立自主的山地游击战，在有利条件下打运动战，集中优势兵力消灭敌人一部。独立自主，对敌军来说我是主动而不是被动的，对友军来说我是相对的集中指挥，对自己来说是给下级以机动。总的一句话：相对集中指挥的独立自主的山地游击战。洛川会议决定的战略方针是对的。[①] 由于毛泽东

---

① 中共中央文献研究室编：《毛泽东年谱》（一八九三——一九四九）（修订本），中卷，第42页。

一　抗日战争时期中国共产党制定执行了正确的政治上的路线

等的抵制，陈绍禹的错误意见没有形成会议决议。1940年12月4日，毛泽东在中共中央政治局会议上强调：我们总的政策是在团结中要斗争，在斗争中又要团结，是统一中的独立，统一是主，独立是辅。独立自主的山地游击战，在战略上是统一的，游击战是独立的，即统一中的独立自主的山地游击战。[①] 正因为中国共产党制定和坚持了持久战这一总的战略方针和独立自主的山地游击战这一战役战术方针，在抗战初期，当国民党的军队大步后撤时，党领导的八路军和新四军却挺进敌后，建立敌后根据地，并在抗日民族统一战线总体战略部署下，坚持独立自主地领导和指挥人民武装，坚持开展独立自主的山地游击战和有条件的运动战，从而在敌后牵制、打击日军，有力配合了正面战场友军作战。敌后根据地的广泛建立和敌后战场的开辟，坚定了全国人民的抗战信心，沉重地打击了日本帝国主义者和汉奸分子。

[①] 中共中央文献研究室编：《毛泽东年谱》（一八九三——一九四九）（修订本），中卷，第238页。

谁是抗日战争的中流砥柱？

5. 中国共产党正确开展党内斗争。遵义会议后，主要是纠正党的军事路线上的错误，政治上特别是思想上路线的错误还来不及纠正，这方面的错误在新的形势下还有新的表现。中国共产党一方面坚持开展积极的思想斗争，以纠正思想上政治上的错误倾向，另一方面，坚持从团结愿望出发，本着"惩前毖后""治病救人"，先后纠正了以下四个原则错误即路线错误：一是主张"一切经过统一战线"，"一切服从统一战线"，对国民党只要团结不要斗争；二是组织上闹独立性；三是速胜论；四是放弃独立自主的山地游击战，在有利条件下打运动战，集中优势兵力消灭敌人一部的正确的战略方针，主张运动战。坚持正确开展党内斗争，反对党内在抗战战略和统一战线方针上的错误观念，坚持把全党团结统一在正确的思想政治路线上，是中国共产党坚持正确的军事路线、成功主导广泛的民族统一战线、领导中国人民取得抗日战争胜利的根本保障之一。

二　正确的思想上的路线是正确的政治上的路线的根基

中国共产党是工人阶级的先锋队，同时又是中华民族的先锋队，她是用马克思主义理论武装起来的先进政党。遵义会议后，逐渐拥有了符合自己国情党情的正确的思想上的路线。

红军长征到达延安之后，毛泽东等一大批中央领导带头学习研究马克思主义基本理论。1938年10月12日，毛泽东在党的扩大的六届六中全会上，强调全党要普遍地深入地学习和研究马克思列宁主义理论，把马克思列宁主义同中国的具体特点相结合，反对教条主义。1938年11月发表的《论新阶段》中，毛泽东明确提出"马克思主义的中国化"这一口号。为使党找到并统一到一条正确的思想上的路线，全党开展了著名的延安整风运动，这是中国共产党历史上第一次大规模整风运动。延安整风运动从1942年2月开始至1945年春季结束，共计3年多时间，分为两期进行。参加第二期整风学习的干部就有1.2万余人，包括全党范围的高中级领导干部；其中集中在中央党校的有六七千人。延安整风使得全党的马克思主义

谁是抗日战争的中流砥柱？

理论水平与思想水平不断提高，教育全党运用马克思主义的立场、观点和方法认识、分析问题。整风运动坚持实事求是的思想路线，成功克服了党内右倾投降主义、教条主义、经验主义、宗派主义等错误思潮对党的危害，加强了党风、学风、文风建设，使党变得更加成熟、更加强大。

1943年11月10日，邓小平在中共中央北方局党校第八期开学时作整风动员讲话指出："我党自从一九三五年一月遵义会议之后，在以毛泽东为首的党中央领导之下，彻底克服了党内'左'右倾机会主义，一扫主观主义、宗派主义和党八股的气氛，把党的事业完全放在中国化的马列主义，即毛泽东思想的指导之下，直到现在已经九年的时间，不但没有犯过错误，而且一直是胜利地发展着。"[1]

正是中国共产党在抗战时期很好地坚持了辩证唯物主义和历史唯物主义的思想路线，坚持用

---

[1] 中共中央文献研究室编：《毛泽东年谱》（一八九三——一九四九）（修订本），中卷，第479—480页。

二 正确的思想上的路线是正确的政治上的路线的根基

辩证唯物主义和历史唯物主义的立场、观点和方法，观察分析当时中国社会的各种矛盾与发展变化中的国际形势，制定了正确的政治路线及组织路线，才保证抗日战争取得伟大胜利。

1. 中国共产党深刻地认识到人类社会的发展规律和无产阶级的历史使命。根据马克思主义基本原理，人类社会的发展不断从低级阶段走向高级阶段。首先，从无阶级的原始社会逐渐过渡到有阶级的奴隶社会。奴隶社会是第一个私有制社会，存在着鲜明的两大阶级的对立，即奴隶主和奴隶的对立。封建社会取代奴隶社会后，则存在着鲜明的地主阶级与农民阶级的对立和斗争。进入资本主义阶段后，出现了无产阶级和资产阶级两大阶级，无产阶级处于受剥削受压迫的地位。无产阶级要实现自身解放，必须推翻资产阶级统治，建立无产阶级专政，实现社会主义，并逐渐实现向共产主义的过渡。无产阶级以解放全人类为使命。作为无产阶级的先进政党，中国共产党深刻认识到生产力是社会发展的根本动力，人是生产力的决定性因

谁是抗日战争的中流砥柱？

素，人民群众是历史的创造者。无产阶级要实现自身解放，必须要有代表自身利益的政党和党的革命理论；夺取政权是实现无产阶级解放的途径。党对人类社会发展规律和无产阶级历史使命的深刻认识，决定了中国共产党紧紧依靠人民群众抗战的全民抗战路线；也决定了党在抗日民族统一战线中始终坚持正确的战略策略，主导和领导统一战线。以毛泽东为代表的中国共产党人，不仅深刻洞察人类历史发展的必然规律，而且在艰难困苦的条件下，始终保持革命的乐观主义精神，充分发挥自己的主观能动性，坚定地朝着胜利的方向前进。1938年4月9日，毛泽东在抗大第四期第三大队开学典礼上讲话时，要求学员们在抗大期间学到抗日救国这样一个宗旨。他说：为了实现这一宗旨，要有不怕任何艰苦，不怕牺牲，向前迈进的决心，革命的过程，像在波涛汹涌的江河中行船，懦弱的人常常会动摇起来，不知所措。[①] 1938

---

① 中共中央文献研究室编：《毛泽东年谱》（一八九三——一九四九）（修订本），中卷，第64页。

二　正确的思想上的路线是正确的政治上的路线的根基

年7月5日，毛泽东在电贺将于7月6日开幕的第一届国民参政会第一次大会的电报中说："寇深祸极，神州有陆沉之忧，然民意发抒，大难有转旋之望。转旋之术多端，窃谓以三言为最切：一曰坚持抗战，二曰坚持统一战线，三曰坚持持久战。诚能循是猛进，勿馁勿懈，则胜利属我乃决然无疑。"[①] 这也充分说明，中国共产党人的坚定信心，是建立在科学的正确的思想上政治上路线之上的。

2. 中国共产党深刻地认识到中国半殖民地半封建社会的性质，党的历史任务是首先取得新民主主义革命的胜利。鸦片战争后，中国逐渐沦为半殖民地半封建社会。中国社会面临着殖民主义、帝国主义与中华民族的矛盾，封建主义与广大人民群众的矛盾。这两对矛盾长期深刻地交织在一起，是我国社会最突出的矛盾。中国共产党正是在这样的历史背景下诞生的，它的新民主主义革命任务就是要推翻帝国主义

---

① 中共中央文献研究室编：《毛泽东年谱》（一八九三——一九四九）（修订本），中卷，第82页。

谁是抗日战争的中流砥柱?

和封建主义。中国共产党一诞生就作为反对帝国主义和封建主义压迫和剥削的最坚定力量,成为实现中华民族解放和中国人民解放的坚强领导者。中国共产党深刻认识到中国国情,即作为半殖民地半封建社会,经济文化还十分落后,要取得无产阶级革命胜利,中国必须首先完成新民主主义革命任务,推翻帝国主义和封建主义,而不能直接进行社会主义革命。毛泽东同志对此作过精辟的论述:"每个共产党员入党的时候,心目中就悬着为现在的新民主主义革命而奋斗和为将来的社会主义和共产主义而奋斗这样两个明确的目标,而不顾那些共产主义敌人的无知的和卑劣的敌视、污蔑、谩骂或讥笑;对于这些,我们必须给以坚决的排击。"[①]"革命的转变,那是将来的事。在将来,民主主义的革命必然要转变为社会主义的革命。"[②]

关于新民主主义,毛泽东在1940年1月发

[①] 毛泽东:《论联合政府》,《毛泽东选集》第3卷,第1059页。
[②] 毛泽东:《论反对日本帝国主义的策略》,《毛泽东选集》第1卷,第160页。

二 正确的思想上的路线是正确的政治上的路线的根基

表的《新民主主义论》和1945年4月24日在中国共产党第七次全国代表大会上所作的政治报告《论联合政府》中都作了十分明确、清晰的阐发,提出了完全符合中国当时国情的新民主主义的政治、经济和文化纲领。毛泽东指出:我们主张的新民主主义的政治,就是推翻外来的民族压迫,废止国内的封建主义的和法西斯主义的压迫,并且主张在推翻和废止这些之后不是建立一个旧民主主义的政治制度,而是建立一个联合一切民主阶级的统一战线的政治制度。这是和孙中山先生的革命主张完全一致的。我们主张的新民主主义的经济,也是符合于孙先生的原则的。在土地问题上,孙先生主张"耕者有其田"。在工商业问题上,孙先生在上述宣言里这样说:"凡本国人及外国人之企业,或有独占的性质,或规模过大为私人之力所不能办者,如银行、铁道、航空之属,由国家经营管理之;使私有资本制度不能操纵国民之生计,此则节制资本之要旨也。"新民主主义的文化,同样应该是"为一般平民所共有"的,即

谁是抗日战争的中流砥柱？

是说，民族的、科学的、大众的文化，决不应该是"少数人所得而私"的文化。① **毛泽东当年制定和确立的新民主主义的政治、文化特别是经济纲领，今天读来仍引人深思。**

1939年12月，毛泽东撰写了《中国革命和中国共产党》。他在第二章中指出：中国革命的主要对象是帝国主义和封建主义。中国革命的主要任务是对外推翻帝国主义压迫，对内推翻封建地主压迫，而最主要的任务是推翻帝国主义。关于中国革命的动力，他指出：中国革命如果没有无产阶级的领导，就必然不能胜利；在中国社会的各阶级中，农民是工人阶级的坚固的同盟军，城市小资产阶级也是可靠的同盟军，民族资产阶级则是在一定时期中和一定程度上的同盟军，这是现代中国革命的历史所已经证明了的根本规律之一。他指出：中国共产党领导的整个中国革命运动，是包括民主主义

---

① 毛泽东：《新民主主义》，《毛泽东选集》第2卷，第672—678、694—698页；毛泽东：《论联合政府》，《毛泽东选集》第3卷，第1055—1062页；参见中共中央文献研究室编《毛泽东年谱》（一八九三——一九四九）（修订本），中卷，第158—160、593—596页。

二 正确的思想上的路线是正确的政治上的路线的根基

革命和社会主义革命两个阶段在内的全部革命运动；民主主义革命是社会主义革命的必要准备，社会主义革命是民主主义革命的必然趋势。而一切共产主义者的最后目的，则是在于力争社会主义社会和共产主义社会的最后的完成。① 在《新民主主义论》中，毛泽东对中国新民主主义革命问题进行深入阐述。他指出：在五四运动以后，虽然中国民族资产阶级继续参加了革命，但是中国资产阶级民主革命的政治指导者，已经不是属于中国资产阶级，而是属于中国无产阶级了。② 毛泽东关于新民主主义革命的理论成为了中国共产党领导统一战线和抗日战争胜利的指导思想。

3. 中国共产党紧紧捉住中国面临的主要矛盾——日本帝国主义与中华民族的矛盾。毛泽东在《矛盾论》中明确指出："任何过程如果有多数矛盾存在的话，其中必定有一种是主要

---

① 中共中央文献研究室编：《毛泽东年谱》（一八九三——一九四九）（修订本），中卷，第155—156页；《毛泽东选集》第2卷，第632—652页。
② 中共中央文献研究室编：《毛泽东年谱》（一八九三——一九四九）（修订本），中卷，第159页；《毛泽东选集》第2卷，第662—709页。

谁是抗日战争的中流砥柱？

的，起着领导的、决定的作用，其他则处于次要和服从的地位。因此，研究任何过程，如果是存在着两个以上矛盾的复杂过程的话，就要用全力找出它的主要矛盾。捉住了这个主要矛盾，一切问题就迎刃而解了。"九一八事变后，日本侵占中国东北，中国共产党深刻认识到日本帝国主义与中华民族的矛盾急剧上升。中共中央和中华苏维埃共和国临时中央政府多次发表宣言、做出决议，号召工农红军和被压迫民众开展民族革命战争，驱逐日本帝国主义出中国。[①] 工农红军经过长征到达陕北后，中国共产党积极倡导建立抗日民族统一战线，派遣军队奔赴抗日第一线。1937年3月，毛泽东指出：中日矛盾是主要的，国内矛盾降到次要的地位。[②] 1937年4月15日，中共中央发出《告全党同志书》，指出："我们要求全党同志在任何曲折变化的形势下，紧紧抓住中日两国间的基

---

① 中共中央党史研究室：《中国共产党历史》第1卷（1921—1949），中共党史出版社2011年版，上册，第335页。
② 中共中央文献研究室编：《毛泽东年谱》（一八九三——一九四九）（修订本），上卷，中央文献出版社2013年版，第666页。

二　正确的思想上的路线是正确的政治上的路线的根基

本矛盾,作为自己一切行动的基点,认定中华民族的最大敌人是日本帝国主义,并坚信这个敌人我们是能够战胜的。"[①] 1937年,日本侵略者制造七七事变,发动了全面侵华战争,企图迅速灭亡中国;全民族团结一致抗日是顺应时代潮流的需要,国内阶级矛盾处于次要位置。抗战期间,中国共产党始终把日本帝国主义与中华民族的矛盾当作中国面临的主要矛盾。而要战胜日本帝国主义,就要建立抗日民族统一战线;要建立抗日民族统一战线,根本问题是要处理好国共两党的关系。中国共产党为此付出了艰辛努力,显示出了极大的忍让精神,表现出卓越的智慧,成功地构建、维护和加强了抗日民族统一战线。即使在蒋介石掀起反共高潮时,中国共产党也以民族大义为重,竭力维护抗日民族统一战线,避免与国民党决裂,避免发生大规模内战。

在抗日战争期间,中国共产党始终捉住日

[①] 中共中央文献研究室编:《毛泽东年谱》(一八九三——一九四九)(修订本),上卷,中央文献出版社2013年版,第671页。

本帝国主义与中华民族这对主要矛盾，坚持维护和巩固抗日民族统一战线，避免分裂，保证了抗日战争的最后胜利。

4. **共产党人拥有先进的无产阶级世界观、价值观和勇于为国家、民族和共产主义事业而牺牲的精神。**为什么人的问题，是根本的问题、原则的问题。一个国家，一个政党，一个人，都是这样。古今中外，概莫能外。共产党与国民党在抗日战争期间的对立，说到底，本质上是根本立场的不同，是党的性质、宗旨、指导思想和纲领的不同，是世界观和价值观的对立。

中国共产党人有着崇高的革命理想，其最终目标是实现劳动阶级的解放和每个人自由全面发展的共产主义。正因此，共产党人具有无私无畏的战斗精神和牺牲精神，为了党和人民的事业，随时准备做出自我牺牲，甚至献出宝贵生命。在抗日战争中，无数共产党人冲锋陷阵，与日寇浴血奋战，英勇牺牲，成为全民族抗战的模范。1937年10月23日，毛泽东为陕北公学成立题词："要造就一大批人，这些人是

二　正确的思想上的路线是正确的政治上的路线的根基

革命的先锋队。这些人具有政治远见。这些人充满着斗争精神和牺牲精神。这些人是胸怀坦白的，忠诚的，积极的，与正直的。这些人不谋私利，唯一的为着民族与社会的解放。这些人不怕困难，在困难面前总是坚定的，勇敢向前的。这些人不是狂妄分子，也不是风头主义者，而是脚踏实地富于实际精神的人们。中国要有一大群这样的先锋分子，中国革命的任务就能够顺利的解决。"[1] 认真读一读毛泽东当年的这一题词，我们不能不说，直至现在的社会主义市场经济条件下，这一要求也具有强烈的**现实针对性**。在谈到共产党所领导的八路军和新四军时，毛泽东说："这个军队之所以有力量，是因为所有参加这个军队的人，都具有自觉的纪律；他们不是为着少数人的或狭隘集团的私利，而是为着广大人民群众的利益，为着全民族的利益，而结合，而战斗的。紧紧地和中国人民站在一起，全心全意地为中国人民服

---

[1]　中共中央文献研究室编：《毛泽东年谱》（一八九三——一九四九）（修订本），中卷，第34页。

谁是抗日战争的中流砥柱？

务，就是这个军队的唯一的宗旨。"① 抗日战争时期，中国共产党领导的八路军、新四军深入敌后，与人民群众建立起血肉联系，与敌寇开展了艰苦卓绝的斗争。中国共产党人和党所领导的军队，正是这样一群优秀分子的集合。

党的领袖带头践行党的理想信念和价值观。1937年11月27日毛泽东写信给其表兄文运昌，告诉他不宜来延安工作，因为无法解决其家庭经济负担。信中说："我们这里仅有衣穿饭吃，上自总司令下至伙夫，待遇相同，因为我们的党专为国家民族劳苦民众做事，牺牲个人私利，故人人平等，并无薪水。""我为全社会出一些力，是把我十分敬爱的外家及我家乡一切穷苦人包括在内的，我十分眷念我外家诸兄弟子侄，及一切穷苦同乡，但我只能用这种方法帮助你们，大概你们也是已经了解了的。"②

东北抗日联军主要领导人之一杨靖宇就是

---

① 毛泽东：《论联合政府》，《毛泽东选集》第3卷，第1039页。
② 中共中央文献研究室编：《毛泽东年谱》（一八九三——一九四九）（修订本），中卷，第40—42页。

二 正确的思想上的路线是正确的政治上的路线的根基

共产党人的突出代表。他领导抗联部队对日寇坚持了长达九个年头的艰苦卓绝的武装斗争,使得数十万日军不能入关,在完全断绝食物的条件下坚持抗战一年之多。最终解剖杨靖宇遗体时,看到的是"胃里连饭粒都没有",只有野草、树皮和破棉絮。

中国共产党人的先进性,决定了其代表的广泛性,决定了唯其才能组织、调动千千万万广大民众,使得抗日战争才有了力量和胜利之源。1935年12月27日,毛泽东在瓦窑堡党的活动分子会议上所作的《论反对日本帝国主义的策略》报告中就对此作了精辟明确地阐述。他说:"我们的政府不但是代表工农的,而且是代表民族的。"[①]

而中国国民党是具有浓厚封建主义色彩的资产阶级政党,要建立的是资产阶级专政。蒋介石政府的高级官员,往往本身就是大资产阶级,有的甚至是官僚买办阶级。1939年10月,

---

[①] 《毛泽东选集》第1卷,第156、158页。

谁是抗日战争的中流砥柱？

日本特务机关关于国民政府官员在上海外国银行存款的一个秘密报告说，蒋介石拥有资产809万美元、宋美龄有377万美元、宋子文有637万美元、孔祥熙有635万美元。[①] 这在当时都是天文数字。蒋介石背弃孙中山的新三民主义后，代表的是中国大地主大资产阶级的根本利益。中国的大地主大资产阶级既具有深厚的封建主义特性，又具有极强的对帝国主义的依赖性。这决定了这个阶级对帝国主义具有妥协性，害怕人民群众的革命斗争。蒋介石集团的"抗战"是为了保卫其所代表的大官僚资产阶级大地主的利益。他们在抗日战争时期实行妥协、退让政策，长期消极抗战、积极反共，对抗日民族统一战线曾造成极大破坏，还甚至几度与日本谈判，出现投降倾向。这些构成了蒋介石集团"抗战"的总基调和价值目标。蒋介石集团"爱国"的"国"，是镇压剥削人民之"国"，是国家利益、民族利益服从其狭隘阶级利益之

[①] 参见杨津涛《蒋介石究竟有多少财富》，《时代人物》2014年11月，第116页。

二　正确的思想上的路线是正确的政治上的路线的根基

"国"。蒋介石集团与广大国民党下层爱国官兵在客观上存在着不同的阶级地位、不同的"家""国"及其观念。政治路线首先是阶级路线，蒋介石集团与广大国民党下层爱国官兵在阶级利益上是对立的。如此，我们才能理解蒋介石集团为什么在抗战中、在解放战争中"兵败如山倒"，才能理解国民党政府不仅把最高纲领是实现共产主义的共产党当成他们的主要敌人，而且也完全背叛了要彻底实行"三民主义"的孙中山。抗日战争期间，他们还不择手段，把苏联、美国等国的一部分抗日援助攫为己有。美国总统杜鲁门曾这样痛斥说："他们都是贼，每一个都是，他们从我们援助的数十亿美金中偷了7.5亿。他们就这样把钱偷走，然后投资在巴西圣保罗，有些甚至是我们的正脚底下——纽约的房地产。"[①] 在1944年的河南会战中，当时国民党军队共有军用卡车七八百辆，但仅100辆用于军运，其余的都被军官们用来搬运私人

---

① 《他们是贼，他们每个都是贼》，《纽约时报》，观察者网站 http://www.guancha.cn/history/2013_01_05_118358.shtml。

谁是抗日战争的中流砥柱？

财产和运送他们的亲属向西安逃跑。在1944年5月下旬的湖南会战长沙保卫战中，国民党湖南省主席薛岳面对长沙三面被围的态势，竟将自己的指挥部安在远离前线150公里外的地方，以便于随时逃跑。11月11日广西战役日军进占南宁时，几乎所有的国民党部队都没有了长官。连蒋介石自己也承认："在没有开战以前，一切危险困苦艰难挫折的情形，我都已料到，但决不料我们的军纪，会败坏到这步田地！在北方作战的情形，我只听得说，在上海作战的实况，我亲眼看见，一切的失利溃乱，抢劫掳掠。"[①]对日作战本来就不是蒋介石政府的首要任务，国民党军队日益加重的腐败，又使得蒋介石不得不集中精力整饬军纪。1944年7月21日，蒋介石在黄山召开"整军会议"时十分气愤地说："自从这次中原会战与长沙会战失败以来，我们国家的地位，军队的荣誉，尤其是我们一般高

---

① 蒋介石：《蒋委员长对抗战检讨与必胜要诀训词（上）》（1938年1月11日），国民党中央委员会党史委员会编印《中华民国重要史料初编——对日抗战时期》第2编第1册，第70页；参见仲华《试论抗战时期国民党军队的腐败问题》，《军事历史研究》2003年第4期。

二　正确的思想上的路线是正确的政治上的路线的根基

级军官的荣誉，可以说扫地以尽。——外国人已经不把我们军队当作一个军队，不把我们军人当作一个军人！这种精神上的耻辱，较之于日寇侵占我们的国土，用武力来打击我们，凌辱我们，还要难受！……在撤退的时候，若干部队的官兵到处骚扰，甚至于奸淫掳掠，弄得民不聊生！这样的军队，还存在于今日的中国，叫我们怎样做人？……我看到红十字会负责人送来的一个在贵州实地看到的报告，报告新兵输送的情形，真使我们无面目做人，真觉得我们对不起民众，对不起部下！据报告人亲眼看到的沿途新兵都是形同饿殍，瘦弱不堪，而且到处都是病兵，奄奄待毙，有的病兵走不动了，就被长官枪毙在路旁……我常常听到各地来渝的人说：我们各军事机关的主官，交际应酬真是应接不遑，有的一顿饭要吃两、三处地方。我听了这种报告，真是痛心！现在是什么时候，前方官兵过的是什么生活？而我们天天还在宴会！我曾经三令五申，不许随便请客，但是大家一点都没有做到，腐败堕落，到了这种地步，

谁是抗日战争的中流砥柱？

试问我们成什么军队？成什么政府？"①

张学良说：国民党打不过共产党的原因，"也就是没有中心思想"。"共产党有目的，他相信共产主义，所以他能成功"。国民党虽然一直高唱信仰三民主义，也向他的党员采取各种方法灌输，但"信仰是从内心发出来的，属于自个儿的……信仰不是旁人给你加上的。"只靠硬性灌输是不能使党员树立起信仰的。"那三民主义，真正的三民主义到底是怎么回事？我可以说多数人不知道。背总理遗嘱，就在那儿背，他的真正彻底的意思在什么地方？谁也没有深刻地研究。"就像"中国的老太婆子，整天嘟嘟囔囔'阿弥陀佛'，你问她'阿弥陀佛'什么意思，她不知道"。国民党没有"中心思想"，党首蒋介石也一样。"他的中心思想就是我，就是他自己……他就是唯我的利益独尊。"共产党与国民党

---

① 蒋介石：《对于整军会议之训示——知耻图强》，秦孝仪主编《先总统蒋公思想言论总集》第20卷《演讲》，中国国民党中央委员会党史委员会编印，1984年版，第443—453页。参阅王奇生《湖南会战：中国军队对日军"一号作战"的回应》，《抗日战争研究》2004年第3期，第15页；杨菁、杨树标《论蒋介石与抗战时期的军事会议》，《史学月刊》2005年第7期，第81页。

二 正确的思想上的路线是正确的政治上的路线的根基

正好相反,共产党"完全是党的主义,守着党","共产党有目的,他相信共产主义,所以他能成功"。"甚至于每一个兵,完全是一个思想——共产主义,这是第一样;二一样,他们经历了万里长征,剩下的这些人,可以说都是精华呀。也不光是他的官,他的兵也是这样子。"①

从以上这段引文内容看,张学良对共产党的性质以及国共两党的差别是有比较清晰的认识的。共产党人的这种境界是由无产阶级政党的性质所决定的,这也是中国共产党在抗日战争中发挥中流砥柱作用的前提条件。

一些被金钱和私人利益完全俘虏的国民党官员们,口头上说是为了自己的国家,实际行动却是为了自己的蝇头私利。这样的官员,能够带领军队和人民打胜仗吗?

新中国成立后特别是改革开放以来,中国共产党领导人民取得举世瞩目的重大成就,但也逐渐出现正确理想信念缺失的令人忧虑的状

---

① 美国哥伦比亚大学"毅荻书斋"存藏的张学良口述文本,引自王海晨、杨晓虹《张学良谈国民党为什么打不过共产党》,《百年潮》2011年第4期,第71—72页。

谁是抗日战争的中流砥柱？

况。2013年6月28日，习近平在全国组织工作会议上的讲话中也不无忧虑地说："理想信念是共产党人精神上的'钙'，理想信念坚定，骨头就硬；没有理想信念，或理想信念不坚定，精神上就会'缺钙'，就会得'软骨病'。事实一再表明，理想信念动摇是最危险的动摇，理想信念滑坡是最危险的滑坡。我一直在想，如果哪天在我们眼前发生'颜色革命'那样的复杂局面，我们的干部是不是都能毅然决然站出来捍卫党的领导、捍卫社会主义制度？我相信，绝大多数党员、干部是能够做到的。"[①]

如何对待战俘，本质上是世界观、人生观和价值观的根本反映。不虐待俘虏是共产党领导的人民军队三大纪律八项注意的最后一条，这体现了共产党领导的人民军队的性质宗旨和最终要解放人类的宽阔胸怀。抗战期间，中国共产党及其军队特别注重对日本战俘采取宽大政策。1937年10月，朱德、彭德怀签署了

[①] 中共中央文献研究室编：《十八大以来重要文献选编（上）》，中央文献出版社2014年版，第339—340页。

二 正确的思想上的路线是正确的政治上的路线的根基

《中国国民革命军第八路军总指挥部命令——对日军俘虏政策问题》。命令规定:"一、对于被我俘虏之日军,不许杀掉,并须优待之。二、对于自动过来者,务须确保其生命之安全。三、在火线上负伤者,应依阶级友爱医治之。四、愿归故乡者,应给路费。"①1939年2月,毛泽东等在《关于优待日军战俘的指示》中又特别强调:"在战斗中俘获之日军俘虏应尽量释放,多则不超过两星期,情况许可时则当场释放,多加宣传优待。"②八路军和新四军优待日本战俘,日本战俘的生活标准甚至高于我军官兵,战俘人格受到尊重,并享有相应的自由和权利。③为了加强对日本战俘的改造,中国共产党专门在延安成立了"日本工农学校"。日本战俘还参加了边区的参政议政。1941年11月,陕甘宁边区根据"三三制"原则举行参议会议员竞选。

---

① 王玉贵:《论中国共产党的日本战俘改造工作》,《江苏社会科学》2008年第5期,第188—189页。
② 同上书,第189页。
③ 参阅阎树森《抗日战争时期对日本战俘的改造与中国共产党的人权保障政策》,《北京大学学报》(哲学社会科学版),1992年第1期,第10—15页。

谁是抗日战争的中流砥柱？

八路军敌军工作干部学校和日本工农学校联合推荐了日本战俘森健为候选人。选举规定，各位候选人可发表20分钟的演讲。因为森健是用日语演讲，由担任工农学校副校长的赵安博现场翻译，还特许时间延长到40分钟。大会通过无记名投票，森健当选。这样的"日本八路"担任过边区参议员的一共有九位。①许多日本战俘接受改造后，成为日本在华反战人士，甚至主动提出加入八路军，并成为"日本八路"，英勇地抗击着日本侵略者。从一定意义上讲，正是因为共产党军队的俘虏政策，导致更多的日本军人对八路军、新四军投降甚至投诚。自1937年9月八路军686团参谋长陈士榘捉住第一名日军俘虏后，至1945年10月，八路军、新四军共俘虏日军6213人。②国民党俘虏日军多少呢？国民党方面始终没有披露，这其中可能有自己的难处。但据冈村宁次说：投降后，"中

---

① 胡新民：《八路军与日本战俘》，《党史博采》2015年第8期，第29页；参阅朱鸿召：《日本战俘延安改造记》，《湖南文史》2004年第3期。
② 《抗日战争时期主要战绩统计》，《中国人民解放军全史》第八卷《中国人民解放军战役战斗总览（下）》附录，军事科学出版社2000年，第865页。

二　正确的思想上的路线是正确的政治上的路线的根基

国政府方面和共军方面（极少数）移交的俘虏，1946年5月末的数字为：陆军1212名，海军40名，商民106名，共计1358名。另外，从延安返回日本的战俘约300人，200余名俘虏死在国方战俘营中。"[1] 以上各项包括共产党军队所俘虏的所有数字相加才总共1858人。二战结束后，在日本东京法庭受审的日本战犯，竟无一人认罪；被中国南京法庭判处死刑的南京大屠杀的主犯谷寿夫等人，在刑场上仍高呼军国主义口号；在菲律宾马尼拉被判处死刑的山下奉文等人，否认了所有的指控……。而在新中国，所有日本战犯，无论是上了法庭受审的还是没有上法庭而宣布被宽大释放的，无一不表示认罪服法。曾在特别军事法庭担任书记员、法官助理工作的权德源曾这样回忆说："沈阳审判中，在铁证如山面前，没有一名日本战犯不低头认罪。有的人甚至当庭下跪，向中国受害者

---

[1] 《冈村宁次回忆录》，中华书局1981年版，第99页。

谁是抗日战争的中流砥柱？

道歉。"① 从 1950 年 7 月到 1964 年 6 月，新中国改造日本战犯 14 年。中国共产党和中国政府以前人从未有过的博大胸怀，实践了毛泽东关于"人是可以改造的"这一名言，终于使上千名日本战犯中的绝大多数人弃恶从善。这在世界司法史上独一无二，可谓是人类文明史上的壮举。

5. 代表人类最先进世界观及价值观的共产党人同时也是世界反法西斯主义最坚定的力量。法西斯主义是资本主义发展到 20 世纪上半叶特殊历史条件下的产物，它是由垄断资产阶级支持的，并代表着垄断资产阶级的利益。法西斯主义政治上极为反动，对内专制独裁，对外具有疯狂的侵略性。法西斯主义产生后，全世界共产党人反对法西斯主义最坚决，法西斯主义也极为仇视共产党人，采取残酷的迫害手段。法西斯主义者不仅仅反对共产党，也反对资产阶级民主制度。意大利法西斯分子墨索里尼上

---

① 胡新民：《改造日本战犯的奇迹是怎样创造的？》，《党史博采》2014 年第 11 期。

二 正确的思想上的路线是正确的政治上的路线的根基

台后,于1926年宣布取消法西斯党以外的一切政党。意共坚决反对法西斯统治,因此受到残酷迫害,总书记葛兰西也被捕入狱。希特勒在德国上台后,立即下令禁止德国共产党的示威游行,查抄德国共产党在柏林的办事处。1933年2月27日,纳粹分子制造了耸人听闻的国会纵火案,诬陷共产党,逮捕了包括德共领袖台尔曼和侨居德国的保加利亚共产党领导人季米特洛夫在内的四千多名共产党人。1933年3月,德国举行议会选举,德国共产党尽管受到国会纵火案的打击,仍然获得了81个议席。希特勒无视宪法规定,宣布共产党的议席无效,以便控制议会并捞取内阁部长位置,加强法西斯专制统治。法西斯分子在日本上台后,1936年11月德国和日本签订了《反共产国际协定》,两个法西斯国家联合起来反共反苏;1937年11月意大利也加入了这一协定,德、意、日法西斯国家在反共产国际的旗号下形成了"柏林—罗马—东京轴心"。在此基础上,1940年9月签订了《德意日三国同盟条约》。

谁是抗日战争的中流砥柱？

在第二次世界大战期间，苏德战场是反法西斯战争的主战场，共产党领导的社会主义国家苏联是欧洲反法西斯侵略的中坚力量。希特勒在欧洲大陆发动侵略战争的过程中，非共产党领导的国家在面临强大的德国法西斯侵略军时，很快溃败或妥协投降了。例如，德国进攻波兰时，号称陆军欧洲第五位的波兰不到一个月即覆亡了。1940年4月9日德国进攻丹麦，丹麦政府当天就投降了。同一天，德军进攻挪威，尽管英法军队不久登陆挪威，支持挪威抗击德国入侵，但到6月7日挪威国王和政府流亡伦敦，德国旋即占领挪威全境。1940年5月10日，德军全面进攻荷兰、比利时、卢森堡，王国或迅速溃败投降或政府逃亡他国。即使是拥有300万大军号称欧洲第一陆军强国的法国，在希特勒大举进攻下，短短六周，就宣布投降，随即成立了傀儡政府。

在侵略战争中取得巨大胜利的希特勒，纠集了德国及其仆从国550万大军于1941年6月22日对苏联进行突然袭击，发动"闪电战"。

二　正确的思想上的路线是正确的政治上的路线的根基

战争初期苏军节节败退，蒙受巨大损失；到1941年12月1日，苏军损失700多万人，坦克24万辆，飞机2.4万架。德军兵临莫斯科城下。但是，苏联在共产党的坚强领导下，没有妥协投降，而是坚决地坚持战斗；党的领袖斯大林坐镇莫斯科；苏联广大军民同仇敌忾，决不后退，奋勇杀敌；共产党员冲锋陷阵，在战争中发挥了中坚作用。苏联先后取得了莫斯科战役、斯大林格勒战役、库尔斯克会战等重大战役的胜利，扭转了战争局面，一步步把法西斯侵略军赶出国土，并接连解放了东欧诸国，攻克希特勒老巢柏林。①

中国是世界反法西斯战争的东方主战场。从1937年7月7日日本发动全面侵华战争起到1941年12月太平洋战争爆发，中国一直坚持抗战，与疯狂的日本法西斯侵略军进行了殊死搏斗。当国民党主导的正面战场节节败退时，中国共产党领导的八路军、新四军却坚定地挺进

---

① 参见徐天新、许平、王红生主编《世界通史》（现代卷），人民出版社1997年版，第5、12、13、14章。

谁是抗日战争的中流砥柱？

敌后，开辟敌后战场，沉重地打击了日军侵略者，牵制了日军在正面战场的进攻，坚定了全国人民的抗战信心。当国民党中的亲日派汪精卫叛国投敌后，正是因为有了中国共产党领导的全国抗日民族统一战线，共产党坚持抗战，阻止了蒋介石投降，中国人民才能坚持抗战到底，直到最后胜利。

　　苏联之所以能够战胜德国法西斯侵略者，是因为有苏共领导全国人民进行反侵略的人民战争。中国抗日战争能够取得胜利也正是因为有中国共产党领导的全民全面的抗战，陷日本侵略者于人民战争的汪洋大海之中。中国共产党是无产阶级政党，代表着广大人民群众的根本利益。只有拥有如此先进的世界观及价值观的政党，才能够成功地团结领导广大人民群众进行反侵略的人民战争，并取得反法西斯战争的无比辉煌的胜利。

三 从国共两党在两个不同战场上的不同作用看中国共产党思想上政治上路线的正确

2015年7月30日，习近平在主持中央政治局第二十五次集体学习时指出："要坚持用唯物史观来认识和记述历史，把历史结论建立在翔实准确的史料支撑和深入细致的研究分析的基础之上。要坚持正确方向、把握正确导向，准确把握中国人民抗日战争的历史进程、主流、本质，正确评价重大事件、重要党派、重要人物。"[1] 这一要求十分重要。

从整体上说，共产党对国民党在抗战中的作用和地位是充分肯定的。对此，毛泽东早在1945年4月24日党的七大的政治报告《论联合政府》中就作了明确、科学的阐发。他说："中国是全世界参加反法西斯战争的五个最大的国家之一"，"中国在八年抗日战争中，为了自己的解放，为了帮助各同盟国，曾经作了伟大的努力。这种努力，主要地是属于中国人民方面的。中国军队的广大官兵，在前线流血战斗，中国的工人、农民、知识界、产业界，在后方

---

[1] 《习近平在中共中央政治局第二十五次集体学习时强调　让历史说话用史实发言　深入开展中国人民抗日战争研究》，《人民日报》2015年8月1日第1版。

谁是抗日战争的中流砥柱？

努力工作，海外华侨输财助战，一切抗日政党，除了那些反人民分子外，都对战争有所尽力。"① 其中所说的中国军队的广大官兵，就包括国民党军队的官兵。毛泽东还明确指出："从一九三七年七月七日卢沟桥事变到一九三八年十月武汉失守这一个时期内，国民党政府的对日作战是比较努力的。在这个时期内，日本侵略者的大举进攻和全国人民民族义愤的高涨，使得国民党政府政策的重点还放在反对日本侵略者身上，这样就比较顺利地形成了全国军民抗日战争的高潮，一时出现了生气蓬勃的新气象。"②

正因为中国共产党人为代表的成熟的无产阶级登上了历史舞台，推动、组织了全民族的抗日战争，才取得了近代以来中国人民反对外来侵略的第一次完全的胜利。这既是被剥削被压迫半殖民地民族对日本帝国主义的胜利，本质上又是无产阶级领导的人民大众的胜利。以毛泽东为首的共产党人所倡导的"全民族坚决

---

① 《毛泽东选集》第3卷，第1033页。
② 同上书，第1037页。

三 从国共两党在两个不同战场上的不同作用……路线的正确

抗战"与以蒋介石为首的国民党人先期实行"攘外必先安内"和后期实行消极抗战、积极反共的抗战路线，本质上反映了不同的思想上政治上的路线的相对立。全民族坚决抗战，是无产阶级领导的、团结全民族的、以人民群众是真正的英雄这一唯物史观为思想基础的彻底的救国路线。而国民党先期实行"攘外必先安内"和后期实行消极抗战、积极反共的抗战路线，其本质则是对外乞求西方资本主义救援，对内依靠大地主大银行家大买办阶层、镇压人民并以唯心史观为思想基础的亡国路线。

近几年来，一些出版物特别是网络、微信，对中国共产党在抗战中的中流砥柱的作用提出强烈质疑，又罔顾事实对国民党蒋介石政府进行"颂扬"，认为国民党才是抗战的中流砥柱。究竟谁是抗日战争的中流砥柱？让我们从以下事实和数据看看国共两党在不同战场所起的不同作用中寻求答案，并反证中国共产党在抗日战争时期思想上政治上路线的正确。

我们可以把整个八年抗战分为战略防御、

谁是抗日战争的中流砥柱？

战略相持和战略反攻三个阶段。从国民党的角度，我们也可以把抗战分为从1931年的九一八事变到1937年的七七事变、从1937年的七七事变到1938年10月广州武汉失守、从1938年10月广州武汉失守至1941年12月太平洋战争爆发、从1941年12月日军发动太平洋战争至1945年9月抗日战争胜利四个阶段。

有人说，日军主要的作战对象是国民党军队，抗击日本侵略者的主要是国军。国军打了几十场大会战，战死上百万，损失了上百个将军，国民党才是抗战的中流砥柱。让我们看看国共两党及其军队在以下四个阶段的不同表现。

一是从1931年的九一八事变到1937年的七七事变，这是国民党所谓抗战的第一个阶段，即东北沦陷阶段。在这一阶段，共产党坚决抗战，而国民党政府却实行"不抵抗"的妥协退让政策。九一八事变时，东北军留驻东北的有近20万人，而日寇在东北各种军队包括武装在乡（退伍）军人和警察，总共才2万余人，人

三 从国共两党在两个不同战场上的不同作用……路线的正确

数相差约10倍，东北军的兵力明显占优势。[①]但蒋介石坚持"攘外必先安内"政策。著名政论家、《申报》主笔史量才甚至因撰文主张"安内必先攘外"，被国民党特务暗杀。结果，东北富饶的领土和丰富的资源，成了日寇全面进攻中国的前沿基地和物质基础。在这一阶段，东北的一部分爱国军队在中国共产党领导或协助之下，违反国民党政府的意志，组织了抗日义勇军和抗日联军，进行了英勇的游击战争。

二是从1937年的七七事变到1938年10月广州、武汉失守，这是国民党政府抗战的第二个阶段。在这一阶段，当国民党军队在正面战场节节败退时，中国共产党军队却挺进敌后，建立敌后根据地，开辟敌后战场。 在此阶段，国民党军队共投入80多万兵力，先后组织了淞沪、忻口、徐州、武汉等一系列大战役，可谓壮怀激烈，可歌可泣。在此阶段，日本军队把国民党军队作为主要作战对象，是因为国民党

[①] 《中国抗日战争史》编写组：《中国抗日战争史》，人民出版社2011年版，第38—41页。

谁是抗日战争的中流砥柱？

军队占据着中国的各大城市和主要交通要道，日本也急于占领整个中国并以此高压姿态逼迫国民党政府投降。在此阶段，国民党军队对日作战总体上是积极的，同时也是抗击日军战略进攻的主力军。主要原因是：蒋介石有民族主义的爱国的一面；全民包括国民党及其军队内部形成了强烈要求抗日的强大压力；美、英在对日实行绥靖政策的同时，也不愿意看到中国完全沦为日本殖民地导致自身在华利益受损；苏联也不愿意看到日本占领中国，使其在远东受到日本的直接威胁；日军的进攻直接威胁着国民党政府首都南京；蒋宋孔陈四大家族的财富主要集中在宁沪一带，国民党其他军政要员的财富也有很多在宁沪及平津一带，国民党迁都、转移财富都需要一定的时间。这些都决定着国民党既要抗战，但又必然实行片面和消极的抗战路线，决定着此阶段国民党军队的正面抵抗本质上必然都是大退撤前的阻击战和掩护战，也必然导致正面战场各个战役几乎都以退却失败而告终。即使著名的台儿庄大捷，最终

三 从国共两党在两个不同战场上的不同作用……路线的正确

结局也不能例外。台儿庄是徐州的门户，李宗仁集结4.6万国民党军与日军2万余兵力在此血战，赢得毙、伤敌1万多人的重大胜利。但这一胜利最终达到的战略目的仅仅是为国民党的大退却赢得了些许时间。仅一个月后，日军再整理集结夺取台儿庄直扑徐州之时，国民党的军政机关都已基本搬空逃离。

三是从1938年10月广州、武汉失守至1941年12月太平洋战争爆发，这是国民党政府抗战的第三个阶段。在此阶段，共产党广泛开展敌后游击战，积极创建敌后抗日根据地，陷日寇于人民战争的汪洋大海，而国民党正面战场却是妥协、退让甚至图谋投降、积极反共。广州、武汉陷落后，日本十分清楚国民党的底牌是消极抗日、积极反共，便对国民党采取政治诱降为主、军事打击为辅的方针。国民党也投桃报李。1939年1月的国民党五届五中全会成立了"防共会"，确立了"溶共、防共、限共、反共"的方针，并把坚持抗战的内涵解释

谁是抗日战争的中流砥柱？

为"恢复到卢沟桥事变以前的状态"。① 这年4月，山东国民党军残杀八路军团级以下干部400余人。6月，国民党秘密颁布《限制异党活动办法》，规定"共产党活动最烈之区域应实行联保连坐法"。此后，共产党被称为"奸党"，人民军队被称为"奸军"，解放区被称为"匪区"，许许多多英勇抗战的共产党员和人民战士惨遭杀害。1939年9月3日，英、法对德宣战，第二次世界大战在欧洲爆发。此时的日本更急于解决中国问题，以便腾出兵力抢占西方列强在亚洲和太平洋的殖民地，以配合德、意两个法西斯盟国，并缓解德国因其解除对苏联威胁的不满。日军于1939年12月4日进占昆仑关，发动桂南战役，企图彻底切断中国获得外援最重要的路线，即法属印度支那线。在此阶段，日军为巩固其占领区，在对国民党劝降的同时，也曾发动过若干进攻性打击，国民党政府为保住西南、西北大后方，也组织过桂南会战、枣

---

① 中共中央文献研究室编：《毛泽东年谱》（一八九三——一九四九）（修订本），中卷，第107页。

三 从国共两党在两个不同战场上的不同作用……路线的正确

宜会战等，国民党军队也进行过一定的抗击，但消极抗战、积极反共成为国民党政府的总基调。

共产党的敌后游击战牵制了大量日军，有力配合了正面战场的作战，并使人民抗日力量不断发展壮大。到 1940 年，中国共产党领导的武装力量从抗战开始时的 5 万多人发展到 50 万人；除陕甘宁边区外，在华北、华中和华南地区建立了 16 块抗日民主根据地，拥有近 1 亿人口，成为全国抗战重心。[①]

四是从 1941 年 12 月日军发动太平洋战争至 1945 年 9 月抗日战争胜利，这是国民党政府抗战的第四个阶段。在此阶段，共产党放手发动群众，壮大人民力量，并由 1944 年春转入战略攻势作战，而国民党却是被迫抗战、片面抗战，并严重丧失民心军心，最终酿成豫湘桂战役大溃败。蒋介石政府对美英帝国主义的依附性，决定其对日本侵略者的根本态度。太平洋

[①] 中共中央党史研究室：《中国共产党历史》第 1 卷（1921—1949），下册，第 548 页。

谁是抗日战争的中流砥柱？

战争爆发、美英对日宣战时，国民党政府也才正式对日宣战。从一定意义上讲，蒋介石政府又不得不步入"被迫抗日"的轨道。为配合英、美打击日军，国民党政府命令各战区对日军发起进攻，也曾给日军以有力打击。特别是1942年元旦发起的第三次长沙会战，日军死伤5万余人。为配合美英太平洋战场，为了维护其西南政权的稳定性，同时也是为了开辟和维护自己接受美英外援甚至特定条件下的退逃战略通道，1942年2月，蒋介石政府组成远征军进入缅甸对日作战。远征军的将士英勇无畏，在中华民族抗战史上写下了气壮山河的篇章。由于美国在华空军加强，日本在中国东海的船只损失急增，海路交通可能被切断。为挽救失败，日本提出新的作战设想：东面在太平洋各岛屿尽力阻止美军的进攻；西面在中国战场打通被分割的华北、华中和华南占领区。1944年4月至1945年1月，日本发动了打通大陆交通线的豫湘桂战役，日军用于这次作战的总兵力有50余万人，而国民党军队在豫湘桂战役前总人数

三　从国共两党在两个不同战场上的不同作用……路线的正确

已达几百万。此时的日军在各个战场上全线溃败，战斗实力已如夕阳西下，但国民党军队士气更是不堪一击。在豫湘桂战役中，在美国空军保障空中优势的情况下，国民党军队却被日军打得望风而逃。面对区区 5 万多日军的进攻，驻河南的汤恩伯守军 40 余万，前后不过 38 天，整个河南省却被日军占领。这次豫湘桂战役中，国民党损失 50 多万兵力，丢失河南、湖南、广西、广东等省的大部以及贵州省的一部，共 20 多万平方公里的国土、146 座城市。衡阳、零陵、宝庆、桂林、柳州、南宁等地空军基地和飞机场被日军侵占。6000 多万同胞沦于日寇铁蹄之下，无数资源被强占，财富被掠夺，并给人民的生命财产带来了巨大损失。**从一定意义上讲，正是这次豫湘桂大溃散，美国看到作战能力如此不堪的国军，才与斯大林达成协议：由苏联出兵东北，完成本是国民党军队的作战任务，代价则是外蒙古独立。**

外蒙古的独立是国民党蒋介石腐败无能的直接后果。抗日战争时期国民党的腐败和军事

谁是抗日战争的中流砥柱？

上的溃败，蒋介石政权对英美资产阶级的软弱性、依赖性和积极反共的反动本质，决定了蒋介石于1945年8月14日——日本投降前夕，急于同苏联签订了实际上承认外蒙古独立的"中苏友好同盟条约"。条约同意外蒙古通过公民投票决定是否独立。这就为外蒙古独立辅平了道路；在当时的历史条件下，投票结果是完全可以预期的。第二年国民党正式承认外蒙古独立。[①] 在中国人民取得鸦片战争以来第一次民族解放战争全面胜利之际，中国却失去了大片国土，不能不让人扼腕长叹。这个历史责任国民党蒋介石政府是逃脱不了的！

斯大林精心策划外蒙古独立，也可能基于如下考虑：**一是**斯大林认定，二战期间，美苏合作，这是历史的必然。因为美苏共同面临德意日军国主义的威胁，一旦失去这一共同的强大的敌人和共同利益的交汇点，美国必然会重

[①] 参见尤淑君《蒋介石与1945—1952年的外蒙古独立问题》，《抗日战争研究》2015年第1期；卢纪雨《雅尔塔会议与外蒙古问题》，《内蒙古大学学报》（人文社会科学版）1998年第6期；孔德生《南京政府与外蒙古主权》，《文史精华》2002年第8期。

三 从国共两党在两个不同战场上的不同作用……路线的正确

新组合新的同盟国并把苏联这个唯一且是社会主义的大国作为其最主要的敌人。美苏之间的生死较量如日月经天、江河行地一样不可避免。**二是**斯大林对毛泽东领导的中国共产党作了错误的估量。斯大林认定，毛泽东领导的中国共产党，是弱小的，甚至不是马克思主义理论武装的从中国贫穷山沟里意外冲杀出来的一支"绿林好汉"，不会有什么前途。**三是**国民党蒋介石政府是铁定的亲美的政府，抗日战争胜利后，蒋介石必然一头扑进美国的怀抱。苏联是当时唯一的社会主义国家，而苏联的远东地区又远离其经济政治中心的莫斯科，外蒙古独立可以使苏联与完全属于美国势力范围的中国的中间有一个战略缓冲地带。美、蒋、苏在外蒙古这一共同利益的交汇点上高度契合，外蒙古独立也就很快变成历史的现实。斯大林对中国共产党的误解，可能是直到抗美援朝取得胜利之后，才对毛泽东领导的中国共产党刮目相看的，并认定了中国共产党这个政党是真正的无产阶级的先锋队，这才有了对新中国的156项

谁是抗日战争的中流砥柱？

援助。

在抗日战争的相持阶段，蒋介石政府在经济上更是拼命扩张官僚资本，大发国难之财；在政治上压迫人民民主运动，在天水、西安、重庆、上饶和贵州等地设置的"集中营"中，被逮捕、囚禁并施以精神肉体折磨的共产党员和各地抗日进步青年，达20万之多，加上豫湘桂大溃散，从而导致更多人包括国民党阵营中许多人对蒋介石政府越来越失去信心。

1943年8月13日，毛泽东致电中共各中央局、中央分局指出："据今年七月统计，全部在华日军三十六个师六十万人，国民党只抗击二十五万人，共产党抗击了三十五万人。全部汪精卫、王克敏的伪军六十二万人（大部分是蒋介石军队投敌伪化的），国民党只牵制了广东方面的六万人（但并不攻击他们），在华北、华中五十六万伪军，均为共产党所抗击，国民党对之一枪不打。"①

---

① 中共中央文献研究室编：《毛泽东年谱》（一八九三——一九四九）（修订本），中卷，第465页。

三 从国共两党在两个不同战场上的不同作用……路线的正确

1944年6月22日，第十八集团军参谋长叶剑英向中外记者西北参观团作了题为《中共抗战一般情况的介绍》的长篇谈话。他指出："中国抗战，一开始就分为正面和敌后两大战场；而自一九三八年十月武汉失守以后，敌后战场就在实际上成了中国的主要战场。""敌后战场有三个，即华北、华中、华南三大敌后战场。在华北敌后战场抗战者为八路军，在华中敌后战场抗战者为新四军，在华南敌后战场抗战者为中共领导的游击部队。""中国共产党领导的军队现有四十七万多人，在一九四四年三月以前，抗击了侵华日军的百分之六十四点五；国民党的军队有几百万人，只抗击了侵华日军的百分之三十五点五。如果把全部日军和全部伪军合计起来，则在一九四四年三月以前，共产党的军队抗击日伪军总数一百三十四万人中的一百一十余万，即百分之八十四，国民党的军队只抗击了百分之十六。""中国共产党的军队，就在华北、华中、华南这三个敌后战场与十五个以上抗日根据地上，进行异常残酷的非

谁是抗日战争的中流砥柱？

未曾目击者所能想像的抗日战争，至七年之久。赖有这些敌后战场，才挽救了中国免于被日寇灭亡。"叶剑英的这篇谈话，毛泽东作过修改，在谈话讲到伪军处，加写了一段话："国民党之所以让这些伪军投敌，投敌之后不加讨伐，并反而暗地和他们联络，其目的，不但为着在现时反对共产党，而且含有深远计划，而准备在日寇失败退出大城市与交通要道时，好让这些伪军藏其敌旗，打起国旗宣布'反正'，占领这些大城市与交通要道，配合正面国民党军队，进行全国的反共战争。几年来在伪军中流行的所谓'曲线救国论'，就是为着这种叛变民族的目的，全体人民是应该现在就起来注意这种阴谋的。"[1] 为给毛泽东这段加写的话作注，让我们来看看冈村宁次的回忆。冈村宁次说："我到北京就职后，了解到管辖区内没有蒋介石的嫡系部队，但有不少以上将、中将为军队司令的国民党地方军。这些地方军大都是各派系的旧

---

[1] 中共中央文献研究室编：《毛泽东年谱》（一八九三——一九四九）（修订本），中卷，第521—522页。

军阀，目前虽接受中央政府的军饷，对蒋介石却未必忠诚。只要避免和他们作战，即可减少牺牲，节省兵力。因此，我要求各军司令官、兵团长等对国民党地方军进行诱降工作。结果非常奏效。从1942年春开始，这些将领陆续投诚，到43年秋几乎全部归顺我军。"①

1944年8月15日《解放日报》发表经毛泽东改写的社论《欢迎美军观察组的战友们！》。社论说：在过去，在盟国政府与盟国人民方面，他们所了解的中国抗战情形、所得的印象，是中国抗战的主力军是国民党，将来反攻日军也主要依靠国民党。"这些印象，直到现在还是统治着盟国朝野大多数人的思想的。""所以出现了这种完全违反事实的现象的原因，主要的在于国民党统治人士的欺骗政策与封锁政策。""只许国民党的丑诋、恶骂、造谣、诬蔑，向世界横飞乱喷，决不许共产党、八路军、

---

① ［日］稻叶正夫编写，天津市政协编译委员会译：《中华民国史资料丛稿·冈村宁次回忆录》，中华书局1981年版，第327页。

谁是抗日战争的中流砥柱？

新四军的真相稍许透露于世。"① 从一定意义上讲，在当今的部分网络、微信甚至有的小报小刊上，70年前抗战中的共产党、八路军、新四军又被重新置于此种境地。这种状况，令人不胜唏嘘。但毛泽东当时就已经指出："但是事实胜于雄辩，真理高于一切，外国人中国人的眼睛，总有一天会亮起来的。现在，果然慢慢地亮起来了，中外记者团与美军观察组，均先后冲破国民党的封锁线，来到延安了。这是关系四万万五千万中国人反抗日寇解放中国的问题，这是关系中国两种主张两条路线谁是谁非的问题，这是关系同盟各国战胜共同敌人建立永久和平的问题。""关于国民党的抗战不力、腐败无能这一方面，大半年以来的外国舆论与中国舆论，已经成了定论了。关于共产党的真相究竟如何这一方面，大多数的外国人与大后方的中国人，还是不明白的，这是因为国民党的反动宣传和封锁政策为时太久的原故。但是情况

---

① 中共中央文献研究室编：《毛泽东年谱》（一八九三——一九四九）（修订本），中卷，第535—536页。

三 从国共两党在两个不同战场上的不同作用……路线的正确

已经在开始改变。大半年以来的外国舆论中，已经可以看见这种改变是在开始。这次记者团与观察组的来延，将为这种改变开一新阶段。"①

1944年9月18日，毛泽东在招待八路军战斗英雄代表的大会上讲话指出："武汉失守以来，特别是最近二年以来，中国抗战形势发生了显著的巨大的变化。现在八路军、新四军及华南人民部队抗击了在华的敌伪军六分之五，国民党只打了六分之一。豫湘战役，敌人如入无人之境，情形极为严重。中国不亡，是由于有了我们共产党、八路军、新四军，主要地由我们支持了抗战局面。这就是今天中国的抗战形势。"②

1944年10月1日《解放日报》发表经毛泽东修改审定的社论《新四军的胜利出击与中国的救国事业》。社论指出："今年一至六月，新四军作战一千余次，俘敌伪军一万余人，缴枪一万一千余支，攻克敌伪据点四百二十座。七月以来的

---

① 中共中央文献研究室编：《毛泽东年谱》（一八九三——一九四九）（修订本），中卷，第535—536页。

② 同上书，第546—547页。

谁是抗日战争的中流砥柱？

三个月中，进行大战役十三次。总计今年新四军的胜利出击，解放国土十余万平方公里，人口五百万以上。"毛泽东在加写的文字中说："对于新四军的胜利表示痛恨的，只有两种人，就是日本侵略者与中国蒋介石。日本人的痛恨我们，不必说了。至于蒋介石，他有两件事最受日本侵略者欢迎：一件是反共活动，一件是《中国之命运》。蒋介石的千万件反共活动中，尤以阴谋袭击新四军，逮捕叶挺将军与宣布新四军为'叛军'，最受日本人欢迎。当一九四一年春，蒋介石干出此种破坏抗战、危害国家、背叛民族的罪恶事件时，日本同盟通讯社曾嘉奖说：'蒋介石几年来未做什么好事，但解散新四军一事算是做得好。'""不管日蒋如何合谋危害新四军，但是新四军依然在发展壮大，依然在打胜仗。"[1]

有人说，国军打了几十场大会战，战死上百万，损失了上百位将军。抗日战争不是用游击战、麻雀战、地道战、地雷战就能打赢的。

---

[1] 中共中央文献研究室编：《毛泽东年谱》（一八九三——一九四九）（修订本），中卷，第548—549页。

三 从国共两党在两个不同战场上的不同作用……路线的正确

它是用重兵集团与敌人浴血奋战才打赢的。国民党才是抗战的中流砥柱。

让我们看看如下实际情况。

据《剑桥中华民国史》记载：国民党军队"叛逃的将军1941年有12个，1942年有15个，1943年是高峰的一年，有42人叛逃。50多万军队跟随这些叛逃的将军离去，而日本人则利用这些伪军去保卫其占领的地区，以对抗共产党游击队"[①]。而按日本原生省1964年统计，侵华日军死亡43.56万，按美国统计，死亡44.7万人。[②] 这也就是说，即使这近45万日军，全部是由国民党军队消灭的，国民党军队的投降人数也超过了杀敌总数。

日军开始时并没有把八路军、新四军放在眼里，按1∶10进行战斗配置，屡吃败仗后改为1∶5配置，后再改为1∶3甚至1∶1配置。日军对

---

① ［美］费正清、费维恺编，杨品泉等译：《剑桥中华民国史》（1912—1949），下卷，中国社会科学出版社1994年版（2007年重印），第11章第3节，第567页。

② 中国人民革命军事博物馆编著：《中国战争发展史》下册，人民出版社2001年版，第916页注释2。

谁是抗日战争的中流砥柱？

国民党军队的战斗配置却是1∶10，即以一个连建制的中队或加强中队打国民党军队一个团，且几乎每每得手。

全面抗战时期，协助日军作战的伪军人数高达210万，超过侵华日军数量，使中国成为唯一在第二次世界大战中伪军数量超过侵略军数量的国家。这些伪军的绝大多数，却是来自国民党军队。而整个战争期间，共产党领导的抗日武装对敌作战12.5万次，消灭日、伪军171.4万人，人民军队发展到120余万人，建立了约100万平方公里、近1亿人口的19块抗日根据地。

国民党军一级上将，军事家，有"小诸葛"之称的白崇禧说："打得赢就打，打不赢就走"，这就是今天他们对运动战的通俗的解释。"当我提出游击战建议时，曾有人指出，国军未演习游击战，此议是否可行，尚需考虑。我表示说，以打游击战起家的中共，亦为中国人，中共可以打游击战，国军当亦能打游击。再者，又有人认为打游击乃保存实力之作法，殊不知

三 从国共两党在两个不同战场上的不同作用……路线的正确

于敌后游击，任务极为艰巨，因补给困难，且多半以寡抵众，以弱抵强，故必须官兵加倍淬历奋发，机警勇敢，绝非保存实力者所能胜任。"①

美国总统罗斯福在开罗会议期间曾对其儿子说："假若没有中国，假若中国被打垮了，你想一想有多少师团的日本兵力可以因此调到其它地方？可以腾出手来呢？他们马上可以打下澳洲，打下印度——他们可以毫不费力地把这些地方打下来，并且可以一直冲向中东"，"日本可以和德国配合起来，举行一个大规模的反攻，在近东会师，把俄国完全隔离起来，吞并埃及，斩断通向地中海的一切交通线"。② 在这里，罗斯福清晰地描绘了中国抗战在世界反法西斯战争中的地位与作用。而这其中，共产党领导的八路军新四军却牵制日军超100万，东北抗联牵制日本关东军70万，国民党军却仅牵

---

① 苏志荣等编：《白崇禧回忆录》，解放军出版社1987年版，第304页。
② ［美］伊里奥·罗斯福：《罗斯福见闻录》，上海新群出版社1949年版，第49页。

谁是抗日战争的中流砥柱？

制住侵华日军约50万。从总体上说，究竟谁是抗战的中流砥柱呢？

有人说，抗日战争中，共产党的独立自主的山地游击战是消极避战，壮大自己。开始抗日时，只有5万余人，抗战结束时，已多达120余万正规军。这是共产党消极避战的明证。

抗战胜利时，共产党军队都在与日寇短兵相接之处，而国民党许多军队却在与敌相距千里的大后方。日本陆军大将、侵华日军战犯冈村宁次承认："共军的确长于谍报（在其本国以内），而且足智多谋，故经常出现我小部队被全歼的惨状。"[1] 日本随军记者藤原彰也说："八路军的战术是，如果看到日军拥有优势兵力就撤退回避，发现日军处于劣势时，就预设埋伏，全歼日本士兵，然后夺走他们的所有武器装备。"[2]

再看看台湾史学家陈永发所说："国民政府

---

[1] ［日］稻叶正夫编写，天津市政协编译委员会译：《中华民国史资料丛稿·冈村宁次回忆录》，第325页。

[2] ［日］藤原彰著，林晓光译：《中国战线从军记》，四川出版集团、四川人民出版社2005年版，第65页。

三 从国共两党在两个不同战场上的不同作用……路线的正确

向来自居民族主义的正统,指责中共乘其全力对付日军进攻之时,在日军未能占据的广大敌后农村地区活动,仅以一分的力量抵抗日军侵略,而以七分的力量扩大自己的实力,并以二分的力量应付反对中共'破坏'抗战的政府当局。国民政府这种指责,预先假定应付、扩大和抗日三事可以截然画分,而相互之间是此长彼消,此消彼长的关系;中共为了扩大,故意牺牲抗日,而为了应付国民政府的反对和镇压,也故意减少抗日活动。对于中共,这一假定根本就是荒谬绝伦。他们并不讳言自己确实是在扩大实力,不过坚持扩大实力是为了抗日,以备有朝一日对日军反攻,而由于国民政府不给中共'抗日自由',尤其不容许中共扩大实力,所以中共必须应付。对中共而言,国民政府可以截然画分为三的,其实就是抗日一件事情而已。"[①] 在抗战开始时,国民党的军队已经达到200万,到抗战胜利时,竟然膨胀到600万。从

---

① 陈永发:《中国共产革命七十年》(上),台北联经出版事业公司1998年版,第332—333页。

谁是抗日战争的中流砥柱？

一定意义上讲,这才是靠消极避战获得的。而共产党的军队从5万余人到120余万,却是在抗日战争的浴血战斗中成长壮大的。

为摆脱日军追击,1938年6月9日,蒋介石竟下令在花园口扒开黄河大堤阻挡日军,造成人为的黄河决堤改道,89万百姓葬身洪水,390万灾民无家可归,黄河在中华大地上肆虐咆哮了9年。接着,日军绕道沿长江继续进攻武汉。武汉失守后放火焚烧长沙城,烧死无辜市民3万余人。在"南京大屠杀"中,有30万以上中国平民和战俘被日军残害,南京城被日军纵火和抢劫,致使南京城被毁1/3,财产损失不计其数。

有人说,历史不是任人打扮的小姑娘。共产党"游而不击",这是有着铁证的,这个铁证就是八路军独立第一师杨成武部骑兵连党支部书记李法卿向国民党投诚后的供认。李供认说:毛泽东、朱德曾向八路军训话,大意是:"中日战争为本党发展之绝好机会,我们的决策是七分发展,二分应付(国民党),一分抗日。"这

三 从国共两党在两个不同战场上的不同作用……路线的正确

一供认当时即被国民党收入《磨擦问题真相》一书中公开出版。国内外很多权威人士其中包括蒋委员长虚岁七十之际1956年写就的《苏俄在中国：中国与俄共三十年经历纪要》同样赫然记载。

以上所说，是否事实？让我们首先来看所谓的"共产党游而不击"。1940年1月9日，国民党政治部主任陈诚声言"八路军游而不击"；6天之后的1月15日，国民革命军第十八集团军总司令朱德、副总司令彭德怀等18人联名致信国民党军事委员会蒋委员长等人，对此进行了有理有据的批驳。联名信说："据报，政治部陈诚主任在韶关演说，有谓八路军游而不击，延安无一伤兵就是证据等语。事之真实与否未可知；然自汪精卫倡言八路军游而不击以来，好人四方传播，竟以此为破坏职军信誉，破坏国共团结之口号，陈主任贤者，可信其不作此不负责任毫无常识之谰言。然职军将士闻之，未免寒心，愤慨之情，殊难禁遏。群以八路军抗敌所及，东至于海，北至于沙漠，可谓

谁是抗日战争的中流砥柱？

处在国防之最前线。敌国来华四十个师团中，与八路军新四军作战者十七个师团，占全数五分之二以上。两年半中，八路军新四军所有防线，未尝后退一步，归绥、大同、张家口、古北口、北平、天津、烟台、青岛、徐州、浦口、南京、镇江、无锡、芜湖，离城十里八里即飘扬我祖国国旗者，始终是八路军新四军。两年半中，我八路伤亡达十万，而敌伪伤亡则达二十余万，我军俘虏敌伪达二万，缴获敌伪枪枝达四万。全军二十二万人，月饷不过六十万元，平均每人每月不过二元七角二分。而币价跌落，实值十五万元，则平均每人每月不过六角七分，全国无此待遇菲薄之军。有二三千人而升级为军者，有七八千人而升级为集团军者，我八路则至今三个师，始终不予升级。八路对于国家民族亦可谓无负矣。而毁谤之来，则为游而不击，谓发动民众为非，谓实行三民主义与抗建纲领为非，谓恢复失地建立抗日政权为非，谓培植民众武装巩固抗日根据地为非，事之可怪，未有过于此者也。冰天雪地，衣单食薄，弹药

三 从国共两党在两个不同战场上的不同作用……路线的正确

不继,医疗不备。然而奋战未尝少懈,执行上峰之命令未尝少懈,遵循人民之指导未尝少懈,八路之于国家于民族,亦可谓无负矣。而一切怨毒之矢,不入耳之言,则集中于八路,奇冤大辱,又有过于此者乎?"[①]

看到70多年前的这一既淋漓尽致又入情入理的批驳文献,共产党八路军的所谓"游而不击"的言论还能站得住脚吗?再看所谓八路军独立第一师杨成武部骑兵连党支部书记李法卿向国民党投诚后的供认。这一供认出自1940年4月6日国民党军事委员会调查统计局拍发自天津的密电,内容是报告刚刚逃到国民党方面去的八路军一一五师独立师骑兵连支部书记李法卿的一段谈话记录。据学者杨奎松考证与研究,他明确认为,最早公开利用了这则材料的是蒋介石,蒋介石在引用中明确肯定了"毛泽东自抗战开始就有这样一个'七分发展,二分应付,

---

[①] 《八路军将领致林主席蒋委员长等电》,《新中华报》1940年1月20日,见新华网的新华资料,http://news.xinhuanet.com/ziliao/2002-03/04/content_2277513.htm,2016年1月30日访问。

一分抗日'的军事计划。蒋对调查局电报文字的引述既不具体也不严谨,也因此影响了之后利用这则材料的众多人士"。他说:其实,1940年李法卿叛逃时,杨成武部既不叫"独立第一师",也不直属"十八集团军",更没有师属骑兵连的编制与名义。他还说:"笔者遍查此时期之中共文件乃至未公开之历次会议记录,不仅未见类似说法,且颇多与此不合者";"所谓'七分发展,二分应付,一分抗日'发展计划……是根本不可预想和设计出来的。"[1] 洛川会议显然没有作过这样的指示。美国学者莱曼·范斯莱克在《剑桥中华民国史》中专门谈到此事:"这已成为国民党史的诚实问题。我曾较详细地研究这个问题,并认为这种政策从未宣布过;在这种意义上此项指控是捏造。"[2]

有人说,日军多次轰炸重庆,而不轰炸延

---

[1] 杨奎松:《抗战初期中共军事发展方针变动的史实考析——兼谈"七分发展,二分应付,一分抗日"方针的真实性问题》,《近代史研究》2015年第6期,第7、25页;杨奎松:《论抗战初期的国共两党关系》,《近代史研究》1996年第3期,第146页注释2。

[2] [美]费正清、费维恺编:《剑桥中华民国史》下卷,中国社会科学出版社1998年版,第775页,注释。

三 从国共两党在两个不同战场上的不同作用……路线的正确

安。这正说明国民党是抗战主力。

这样说的人如果不是对历史事实不了解的话，那就是别有用心地造谣。事实上，延安和重庆一样，都受到日寇的轰炸。从1938年11月敌机首次空袭，到1941年10月最后一次空袭的近3年时间里，日机共轰炸延安17次，投弹1690枚，造成214人死亡、184人受伤；炸毁公共房产1176间、石洞5座、民房1.4452万间等。[①] 起初，日机的轰炸对延安造成了巨大损失。但是，陕甘宁边区和延安军民反轰炸能力不断增强，群众、学校和机关部门注意疏散到山里的窑洞中，以防敌机轰炸。结果日机轰炸达不到什么效果。加上八路军敌后根据地不断发展壮大，沉重地打击了日本侵略者，有力牵制了日寇对陕甘宁边区的进犯，日寇遂于1941年10月后，不再继续轰炸延安。

而另一方面，重庆当时是国民政府所在地，

[①] 折燕玲：《日寇轰炸，延安不屈》，《陕西日报》2015年8月20日第3版；毕醒世：《日本飞机轰炸延安再添铁证》，《延安文学》2015年第5期。参见《中国抗日战争史》，人民出版社2011年版，第212—214页。

谁是抗日战争的中流砥柱？

是中国西南大后方的战略重镇，集中了大量的军用和民有工业，必然会成为日寇轰炸的重大目标。日军入侵中国，无法取得速胜；进入战略相持阶段后，随着八路军、新四军敌后战场的不断扩大，日寇陷入了中国人民战争的汪洋大海之中，因而急于实施"以炸促降"的策略，企图通过对重庆的大轰炸，制造恐怖气氛，迫使国民党蒋介石尽快投降。而国民党在抗战期间，存在着严重的妥协投降倾向；除了以汪精卫为首的汉奸集团投敌叛国外，一大批国民党的军队向日军投降成为伪军；连蒋介石本人也多次试图与日寇"和谈"。可以说，国民党内存在的妥协投降倾向也正是日寇实施"以炸促降"的一个因素。中国共产党抗战决心坚定不移，日寇的任何疯狂进攻都动摇不了共产党的抗战意志。

正是在敌后战场极其艰难的条件下长期与疯狂的日寇短兵相接、浴血奋战，八路军、新四军磨练成了一支具有钢铁意志且能征善战的军队。这也正是当国民党发动内战时，人民解放军能够迅速击败庞大的国民党军队、推翻蒋

三 从国共两党在两个不同战场上的不同作用……路线的正确

家王朝的重要原因。这支经过抗日战争血与火洗礼的军队，在抗美援朝战争中体现出了敢于与世界上最强大军队较量并战而胜之的意志和能力，在抗日战争期间积累的与日寇战斗的经验在抗美援朝战争中发挥了重要作用。

国民党政府在抗日战争时期实行妥协、退让政策，长期消极抗战、积极反共，对抗日民族统一战线曾造成极大破坏，也几度与日本谈判，不时出现严重的投降倾向。 国民党的降将们亲口告诉冈村宁次："我们不是叛国投敌的人，共产党才是中国的叛逆，我们是想和日军一起消灭他们的。我们至今（1942年10月）仍在接受重庆的军饷。如果贵军要与中央军作战，我们不能协助。这点望能谅解。"[①] 国民党军队身处盟军阵营，却给为日军服务的伪军发军饷的资料披露后，连当年的盟国也为之哗然，认为这是国民党军队在抗战期间创造的又一丑闻。日本军人对此也有这样一个认识过程："起

---

① ［日］稻叶正夫编写：《中华民国史资料丛稿·冈村宁次回忆录》，天津市政协编译委员会译，第327页。

谁是抗日战争的中流砥柱？

先，日本人很少去分辨各种各样的中国武装。日本人只试图扫荡或击溃他们，不管他们性质如何。然而日本人不久认识到，这样的扫荡只会使中共更加容易扩展。到1939年下半年，日本人变得比较有辨别力了。当日本人进攻八路军、新四军及其地方武装时，中国的非共产党武装袖手旁观。日本人对非共产党人也提出了更为肯定的要求。据日军统计，在1939年年中到1940年年末之间的18个月中，仅华北一地约有7万人从国民党军陆续投奔日军。日本人也与几位地方司令官达成非正式'谅解'。"①

1945年8月15日，日本天皇宣布无条件投降时，蒋介石命令解放区抗日军队"原地待命"，"不准擅自行动"，并命令日伪军不得向八路军、新四军投诚缴械，还负责就地"维持治安"；侵华日军总司令冈村宁次也通令所属各部：只向蒋军投降，不向其他军队缴械，"应根

---

① ［美］费正清、费维恺编：《剑桥中华民国史》（1912—1949）下卷，第671页。

三 从国共两党在两个不同战场上的不同作用……路线的正确

据情况，毫不踌躇地行使自卫的武力"。① 这就使得很多日军并没有放下武器，仍然盘踞在许多城镇和交通要道。一些日军继续烧杀奸掠，伤害和骚扰民众。② 在日本宣布无条件投降后，实际上在中国许多地方，侵华日军和伪军还在继续与中国人民抗日力量作战；甚至出现了日、伪、蒋合流共同对付人民抗日力量的奇观。

例如，在张家口，日伪军拒绝向八路军投降。在中共中央的正确方针指导下，冀察军区部队向张家口地区猛烈进攻，到1945年8月23日，解放了张家口。张家口是抗日战争后期和解放战争前期关系全局的一个战略要地。抗日战争爆发不久，张家口就沦陷了，而在张家口的周围，中国共产党领导的人民武装，坚持了艰苦的抗日游击战争。1945年春，驻华美军总司令魏德迈曾向蒋介石建议所谓"绥、察、热防共隔离地带"。在八路军攻下张家口后，蒋介

---

① 《中国抗日战争史》，第623—624页。
② 参见吴庆生《"8·15"之后在华日军暴行述论》，《绍兴文理学院学报》第18卷第2期（1998年6月）。

谁是抗日战争的中流砥柱？

石竟然还电令要求冈村宁次"必须夺还已失陷的张家口"。①

又如，1945年12月，在日本无条件投降几个月后，在山东禹城，被八路军围困的日军仍拒不投降。12月30日，当八路军劝降时，日军向八路军阵地开枪射击，八路军于是展开围攻，日军急向国民党求援。济南的国民党当局立即派出2000多人加上驻济日军300多人扑向禹城救援，结果被八路军痛击，赶了回去。31日，国民党还派出飞机支援被围困的日军，受到八路军炮火还击。在这次战斗中，拒绝投降的798名日军全部被俘或被歼灭。②

日本投降后，蒋日双方合作得十分"愉快"，所以蒋介石在抗战结束之后不久就宣布冈村宁次等人无罪，并把他们送回了日本。

国民党蒋介石对日本侵华战犯处理的宽纵是蒋介石反共本质和发动反共反人民内战策略

---

① 中国共产党历史网：http://www.zgdsw.org.cn/n/2014/1229/c244514-26295056.html，引自韩广富、曹希岭主编《中国共产党历史上的1000个为什么》。

② 卢四新、邢庆俊：《禹城大战，798名日寇被歼记》，《春秋》2010年第6期，第27—29页。

三 从国共两党在两个不同战场上的不同作用……路线的正确

需要的体现。蒋介石发动内战后，国民党军队还利用了侵华日军参战攻打共产党。例如，在山西就有约1万"残留"的侵华日军与阎锡山的国民党部队一起对人民解放军作战。这支"残留"的日军后来在人民解放军的打击下覆灭。[①] 在内战后期，蒋介石更是实行了"运用日人"的策略。首先是招聘日本旧军官，成立了以富田直亮少将为团长的联合参谋团，称为"白团"（因富田直亮中文化名为"白鸿亮"，也兼有"以白抗赤"之义），为蒋介石打内战出谋献策。1949年，蒋介石在四川、台湾等地奔波不停之际，还5次召见富田直亮。蒋介石还试图组建反共联军——"中日义勇军"。1949年8月，在冈村宁次等日本侵华旧军官的参与下，完成了详细的计划书。计划书提出：为确保东南反攻基地，反守为攻，击破"匪军"攻势起见，应速选拔国民党军队和日本军人组成一个军，作为东南正面反攻核心力量。尔后随形势

[①] 孔繁芝：《二战后侵华日军"山西残留"真相》，《档案春秋》2008年第10期，第31—35页。

谁是抗日战争的中流砥柱？

发展再逐渐扩大，练成精兵十万，编成数个军，组成强有力的"义勇军"，"成为击灭共军之骨干兵"。"中日义勇军"排长以上干部技术人员、指导教育人员均以日本军人充任。[①]这一组建"中日义勇军"的计划后因故被抛弃，但日军参谋团后来却长期在台湾为国民党军队服务。

有人对毛泽东持久战思想对抗日战争的巨大贡献提出置疑。认为蒋介石先于毛泽东提出持久战的方针。还有人认为，毛泽东的《论持久战》抄袭了国民党人士蒋百里、白崇禧、陈诚的军事思想。我们认为，这些观点是根本站不住脚的。

在《论持久战》和其他著作中，毛泽东提出了抗日战争持久战的思想。开展游击战和有条件的运动战，建立广泛的敌后根据地是持久战战略的重要组成部分。毛泽东提出的持久战思想是科学的、系统的，是创造性的理论贡献；《论持久战》是指导中国抗日战争取得胜利的纲领性文献。毛泽东的持久战思想是长期形成的，

[①] 鹿锡俊：《蒋介石与战后国共相争中的日本人角色》，《抗日战争研究》2013年第1期，第14—19页。

三 从国共两党在两个不同战场上的不同作用……路线的正确

在《论持久战》发表之前，毛泽东就有了抗日战争持久战的思想。这是毛泽东同志从世情、国情和中国革命的实践出发，运用马克思主义理论和方法得出来的结论。早在1935年12月，毛泽东就发表了《论反对日本帝国主义的策略》，提出了抗日战争持久战的思想。毛泽东分析了中国面临的形势，指出："不是说中国的事情只能慢吞吞地去干，中国的事情要勇猛地去干，亡国的危险不容许我们有一分钟的懈怠。今后革命发展的速度，也一定比过去要快得多，因为中国的和世界的局面都是临在战争和革命的新时期了。虽然如此，中国革命战争还是持久战，帝国主义的力量和革命发展的不平衡，规定了这个持久性。"[①] 这个时期，毛泽东深入总结了中国革命战争的经验教训，并于1936年12月发表了《中国革命战争的战略问题》。毛泽东分析了中国革命战争的四大特点：一是中国是一个政治经济发展不平衡的半殖民地大国，

---

① 《毛泽东选集》第一卷，第153页。

谁是抗日战争的中流砥柱?

又经历了1924年至1927年的革命;二是敌人的强大;三是红军的弱小;四是共产党的领导和土地革命。并且指出:这些特点"规定了中国红军的可能发展和可能战胜其敌人",也"规定了中国红军的不可能很快发展和不可能很快战胜其敌人,即是规定了战争的持久,而且如果弄得不好的话,还可能失败"。[①] 在这部文献中,毛泽东深入总结了"中国革命战争的十年血战史"后,深刻地阐述了中国革命的战略问题。他还指出:"战略的持久战,战役和战斗的速决战,这是一件事的两方面,这是国内战争的两个同时并重的原则,也可以适用于反对帝国主义的战争。"[②] 在这里,毛泽东实际上明确地指出了,反对日本帝国主义的战争,要实行"战略的持久战"。日本侵略者策划七七事变发动全面侵华战争后不久,毛泽东即讨论了持久战的问题。在1937年9月的《中日战争爆发后的形势和任务》中,毛泽东得出结论:这场战

[①] 《毛泽东选集》第一卷,第188—191页。
[②] 同上书,第232页。

三 从国共两党在两个不同战场上的不同作用……路线的正确

争的走势"是持久战",并指出要"为动员一切力量争取抗战胜利而斗争,为充实的坚固的抗日民族统一战线而斗争"。① 在 1937 年 10 月的《目前抗战形势与党的任务报告提纲》中,毛泽东又指出:"决胜负的战争尚在前面,最后胜负要在持久战中去解决。"②

1937 年全面抗战爆发后,根据战争发展的形势,国内一些爱国民主人士也认识到了抗日战争将是一场艰苦的持久战争,国民党内也有人提出了持久抗战的主张;实际上抗战初期持久战的主张已为全国各阶层所接受。③ 关键问题是什么是持久战?如何开展持久战?毛泽东的《论持久战》回答了人们的疑问。《论持久战》开宗明义地讲:"然而战争的过程究竟会要怎么样?能胜利还是不能胜利?能速胜还是不能速胜?很多人都说持久战,但是为什么是持久战?怎样进行持久战?很多人都说最后胜利,但是

---

① 《毛泽东文集》第二卷,人民出版社 1993 年版,第 9 页。
② 同上书,第 50 页。
③ 参见朱兆中《论毛泽东抗日持久战理论的创立》,《南京师大学报》(社会科学版)1995 年第 4 期,第 39—40 页。

谁是抗日战争的中流砥柱？

为什么会有最后胜利？怎样争取最后胜利？这些问题，不是每个人都解决了的，甚至是大多数人至今没有解决的。于是失败主义的亡国论者跑出来向人们说：中国会亡，最后胜利不是中国的。某些性急的朋友们也跑出来向人们说：中国很快就能胜利，无需乎费大力气。这些议论究竟对不对呢？我们一向都说：这些议论是不对的。可是我们说的，还没有为大多数人所了解。一半因为我们的宣传解释工作还不够，一半也因为客观事变的发展还没有完全暴露其固有的性质，还没有将其面貌鲜明地摆在人们之前，使人们无从看出其整个的趋势和前途，因而无从决定自己的整套的方针和做法。现在好了，抗战十个月的经验，尽够击破毫无根据的亡国论，也尽够说服急性朋友们的速胜论了。"①

《论持久战》是在深入总结国内革命战争时期和全面抗战爆发后近一年时间的经验和教训的基础上形成的。中国革命十年内战的经验教

---

① 《毛泽东选集》第二卷，第439—440页。

三 从国共两党在两个不同战场上的不同作用……路线的正确

训已经揭示中国革命战争是持久性的。全面抗战爆发以来正面战场的节节溃败和华北敌后战场的顺利展开,也表明抗日战争速胜是不可能的,而持久抗战最后是能够取得胜利的。为了回答人们的疑问,指导中国的抗战实践,毛泽东发表了《论持久战》。在《论持久战》中,毛泽东对中日双方的国情和力量对比进行了深入分析。对国际形势也进行了深入分析,并准确地把握了其发展走向。毛泽东准确地断定了希特勒一定会与其他大国打,世界大战是不可避免的,从"目前的战争发展到世界大战之间,是不会间断的,人类的战争灾难不可避免"。[①]毛泽东对当时世界形势的准确估计,植根于他对世界历史和人类社会发展规律的深刻认识。这是他坚信中国抗日战争必然胜利的深厚的思想认识基础。《论持久战》有力地驳斥了亡国论和速胜论的错误;对中国持久抗战的战略防御、战略相持和战略反攻三个阶段进行了深刻阐述。

---

① 《毛泽东选集》第二卷,第475页。

谁是抗日战争的中流砥柱？

作为伟大的军事家，毛泽东对中国抗日战争的形式——运动战、游击战、阵地战，也进行了科学的分析和阐述。《论持久战》洋溢着马克思主义的观点和方法，深刻地体现了人民群众是历史创造者的唯物史观。毛泽东提出："兵民是胜利之本"，他坚信"战争的伟力之最深厚的根源，存在于民众之中"。[①]《论持久战》饱含着毛泽东作为无产阶级政党领袖所拥有的深厚的人民战争思想，其光辉论断不是国民党人士可以提出来的。

蒋百里的《国防论》出版于1937年，但其产生背景、篇章和内容均与抗日战争无多大关系，书中有关论述是对中国遭遇战事的一般性战略构想。[②] 白崇禧"积小胜为大胜，以空间换时间"的提法与《论持久战》中的有关论述相似，于是有好事者就宣称是毛泽东抄袭了白崇禧的相关思想。而据陈思远《我的回忆》记载，

[①] 《毛泽东选集》第二卷，第509—513页。
[②] 陈龙：《驳〈论持久战〉抄袭论》，《湘潭大学学报》（哲学社会科学版）第39卷第6期，2015年11月，第8—9页。

三　从国共两党在两个不同战场上的不同作用……路线的正确

周恩来向白崇禧介绍过《论持久战》的基本思想，深受白崇禧赏识。① 可见，是白崇禧受到《论持久战》的启发，而不是《论持久战》抄袭了白的观点。1937年11月，战时生活社编印了《陈诚将军持久抗战论》。该书只有不到1/3的内容为陈诚所写，其他部分为他人所作，如郭沫若写了其中的第四章《持久抗战的必要条件》，中国共产党领导人之一张闻天则撰写了其中第五章《抗日民族革命战争的持久性》。而陈诚所写内容主要是主张对日进行消耗性的持久战，并未全面讨论如何进行持久战，也未能深刻认识到人民群众的伟大力量；从总体上讲，陈诚提出的持久抗战"是依靠官兵拼命牺牲的片面的拖延消耗战"。② 因此，陈诚的持久抗战观点根本无法与《论持久战》同日而语。随着抗日战争形势的发展，陈诚"逐渐服膺于毛泽东科学透彻的理论分析和预见"，并在《论持久

---

① 陈龙：《驳〈论持久战〉抄袭论》，《湘潭大学学报》（哲学社会科学版）第39卷第6期，2015年11月，第9页。
② 同上书，第9—10页。

战》的书上结合实际战例做了许多批注。[①]

　　毛泽东的持久战思想与国民党的持久抗战主张是不同的。毛泽东的持久战思想是在运用马克思主义分析总结中国十年内战与抗战初期经验教训和世界形势的基础上提出来的，这是国民党做不到的。例如，毛泽东主张开展人民战争，广泛建立敌后根据地，陷敌于人民战争的汪洋大海之中，靠人民战争取得最后胜利。蒋介石虽然讲过持久抗战的话，但他讲的持久抗战是基于长期消耗，以待敌之疲敝和国际形势变化。他所依靠的力量主要还是政府军队。[②]国民党蒋介石主张的是持久消耗战。他们虽然看到了中国"地广人多"，可以持久抵抗，但主张片面抗战，不愿意也不敢放手发动人民群众，寄希望于国际干涉来取得抗战胜利。毛泽东主张有条件的运动战，反对盲目的阵地战，并把游击战放在了战略高度。国民党则主张阵地战，

　　[①] 陈龙：《驳〈论持久战〉抄袭论》，《湘潭大学学报》（哲学社会科学版）第39卷第6期，2015年11月，第10页。
　　[②] 王鸿良，本报记者：《一句话，中国是有办法的》，《北京日报》2015年8月20日，第004版。

三 从国共两党在两个不同战场上的不同作用……路线的正确

实际上实行的是一种消极防御战略，往往死守阵地，与日寇拼消耗，导致大溃败。

毛泽东《论持久战》回答了当时人们关于抗战前途的种种疑问，全面地、系统地分析和阐述了什么是持久战、如何开展持久战，是指导中国抗战实践的科学纲领，是马克思主义军事理论的经典文献。"从毛泽东创立持久战理论这个角度说，伟大的抗日战争，正是毛泽东导演的一出惊天动地的历史活剧！"[①]

《论持久战》演讲稿经过毛泽东整理修改后，先在延安油印。1938年7月1日，《论持久战》在延安《解放》第43、44期（合刊）正式刊出。当月，延安解放社出版了单行本，封面上有毛泽东亲笔题写的书名和署名；扉页上有毛泽东的题词："坚持抗战，坚持统一战线，坚持持久战，最后胜利必然是中国的。"此后，各根据地印发了单行本。1938年7月25日，汉

---

① 朱兆中：《论毛泽东抗日持久战理论的创立》，《南京师大学报》（社会科学版）1995年第4期，第43页。读者可参阅陈龙的《驳〈论持久战〉抄袭论》（《湘潭大学学报》（哲学社会科学版）第39卷第6期，2015年11月），该文批驳了多种"抄袭说"的错误观点。

谁是抗日战争的中流砥柱？

口新华日报馆出版了单行本，重庆、桂林、西安等地的新华日报馆也相继出版了铅印订正本，《论持久战》在国统区正式发行。[①]《论持久战》发表后产生了广泛影响。

1. 在中共党内军内的影响。在《论持久战》中，毛泽东以他对马克思主义哲学的娴熟应用和对抗日战争的透彻分析，赢得了全党同志特别是高级干部的赞誉。"延安五老"之一的吴玉章在回忆录里描述："《论持久战》的发表，使毛泽东赢得了全党同志发自内心的、五体投地的赞许、佩服甚至崇拜，从而最终确立了在党内无可替代的领袖地位和崇高威望。"陈云同志听了毛泽东论持久战的演讲后，感到毛泽东讲得非常深刻，非常有说服力，对全党全国抗战都有重要的指导意义，建议毛泽东在更大范围讲授，促使了毛泽东把讲稿整理出来在

[①] 唐双宁：《指导抗战的不朽篇章——重温〈论持久战〉》，《中共党史研究》2015年第7期，第26页；唐双宁：《指导抗战的不朽篇章——重温〈论持久战〉》，《光明日报》2015年8月8日。

三 从国共两党在两个不同战场上的不同作用……路线的正确

党内印发。①

2. 在国统区的影响。宋庆龄看了《论持久战》后深为毛泽东的深刻分析和高瞻远瞩所折服，立即找亲近的朋友爱泼斯坦等人把《论持久战》译成英文，在海外发行。《论持久战》的发表在国民党高层引起很大震动，蒋介石、傅作义、白崇禧、陈诚、蒋经国等人都曾仔细阅读过；特别是国民党军队中号称"小诸葛"的白崇禧读完《论持久战》后，拍案赞赏，认为是一部军事巨著，对秘书程思远说：这才是"克敌制胜的高韬战略"，并在国民党上层不断宣传、介绍"持久战"理论，很快在当时中国军事界产生了重大影响；白崇禧积极向蒋介石推荐，还以国民党军委会的名义通令全国，学习《论持久战》。蒋经国仔细反复阅读《论持久战》达七八次之多，认为《论持久战》的分

---

① 唐双宁：《指导抗战的不朽篇章——重温〈论持久战〉》，《中共党史研究》2015年第7期，第26页；唐双宁：《指导抗战的不朽篇章——重温〈论持久战〉》，《光明日报》2015年8月8日。

119

谁是抗日战争的中流砥柱?

析十分深刻,有很大预见性和说服力。①

1938年1月,著名学者梁漱溟曾访问延安,毛泽东与他进行了多次交流。毛泽东讲得头头是道、入情入理,使梁漱溟打心底里佩服,感叹这是抗战以来他所听到的有关抗日问题最令其鼓舞和信服的谈话。毛泽东向梁漱溟谈论了"中国必胜、日本必败"的观点,即是不久后写成的《论持久战》一书的主要论点。梁漱溟后来回忆说:"这篇文章那时还没有发表。他就是以这篇文章的内容来说给我的,说中国一定胜利。我听他的谈话,把我心中的烦闷一扫而光。"②

3. 国际上的评价。时任共产国际总书记兼管中国事务的季米特洛夫,对毛泽东精辟的分析、科学的判断拍手叫绝,在共产国际刊物上发表文章称:"有史以来,还没有人把军事问题、战争问题说得这样透彻过,《论持久战》是

---

① 唐双宁:《指导抗战的不朽篇章——重温〈论持久战〉》,《中共党史研究》2015年第7期,第26页;唐双宁:《指导抗战的不朽篇章——重温〈论持久战〉》,《光明日报》2015年8月8日。

② 李雨檬:《毛泽东与梁漱溟的两次长谈》,人民网:http://dangshi.people.com.cn/n1/2016/0112/c85037-28043302.html,2016年4月6日访问。

三 从国共两党在两个不同战场上的不同作用……路线的正确

一本划时代的著作。"苏联方面也对《论持久战》给予了高度评价。美军中国战区参谋长史迪威认为《论持久战》是一部"绝妙的教科书",他建议美国政府"加快对华援助",一定会加快胜利的到来。[1]

今天,和《孙子兵法》、《战争论》一样,《论持久战》也被美国西点军校奉为必读之书,被列为世界十大军事著作。[2]

有人说,共产党能在抗日战争中起些作用,主要是得到苏联和斯大林的援助。

我们决不否认并且永远感谢苏联和斯大林同志对为中国赢得抗日战争的最终胜利所提供的重要支援。他们坚决反对德意日法西斯,给予中国抗日战争以宝贵的精神与道义的支持;在西安事变后,及时促成第二次国共合作,推进我国抗日民族统一战线的建立和发展;在整

---

[1] 唐双宁:《指导抗战的不朽篇章——重温〈论持久战〉》,《中共党史研究》2015年第7期,第26—27页;唐双宁:《指导抗战的不朽篇章——重温〈论持久战〉》,《光明日报》2015年8月8日。

[2] 唐双宁:《指导抗战的不朽篇章——重温〈论持久战〉》,《中共党史研究》2015年第7期,第27页。

谁是抗日战争的中流砥柱？

个抗日战争期间，也都有过经费援助和其它各项物资帮助；特别是出兵东北，歼灭了数十万日本关东军，摧毁了日本军国主义苦心经营14年之久、投资多达100亿美元的东北战略基地，为加快抗日战争胜利的到来作出了关键性的贡献。但是，不可否认，苏联对中国抗日战争的帮助，重点和主要是放在了国民党身上。连美国学者也承认，苏维埃俄国是国民党人第一个异常慷慨的朋友。早在1937年9月，苏俄就运送各种物资给国民党。苏联一共对华信用借款三笔，共计2.5亿美元，国民党政府以锡、铅、钨、锑等金属及生丝、茶、棉花等物资折款归还，实际使用的苏联信用借款约为1.73亿美元。1937至1939年间，苏联为国民党提供了价值总额为2.5亿美元的大约为1000架飞机，大量的火炮、石油及其它军需用品，苏联对国民党的援助一直延续到1941年希特勒的军队侵犯苏联的本土。而在中国全面抗战的四年半之后，美国等西方国家的援助总额才与俄国提供的提

三　从国共两党在两个不同战场上的不同作用……路线的正确

供援助才大约相等。①另外，苏联还先后直接派出2000名飞行员，500名军事顾问支援国民党作战。1937年12月开始来华的苏联志愿航空队，包括两个轰炸中队和4个驱逐中队，总共700多名飞行员和技术人员，直接参加了武汉、岳阳、杭州、南昌、南宁、广州和台北等地空战，轰炸或配合陆军作战。苏联还帮助国民党培训飞行员、领航员和其它航空技术人员多达8354人之多。苏联200多位飞行员壮烈牺牲在中国的蓝天和大地上。苏联的军事顾问，直接参与了国民党组织的台儿庄、武汉、长沙、宜昌等战役，并提出了许多具有建设性的建议。②这就需要认识，**一是**如前所说，当时的苏联和斯大林对以毛泽东为首的中国共产党领导人民的抗战力量严重估计不足，其实是把中国抗日战争胜利的希望寄托到了国民党身上，所以他们把自己的主要援助也都运交给了国民党。二

---

①　参见［美］费正清《剑桥中华民国史》（下册），中国社会科学出版社1998年版，第11章第4节《外国军事援助》。
②　［苏］A. M. 杜宾斯基：《1937—1945年的苏中关系》，莫斯科：思想出版社1980年版，第100—102页。

谁是抗日战争的中流砥柱？

是他们在对中国进行"国际主义"援助的同时，也裹杂了自己大国沙文主义和狭隘民族主义的"私心"。1945年2月4日至2月11日在黑海北部克里木半岛的雅尔塔皇宫内举行的一次关于制定战后世界新秩序这次关键性的首脑会议上，通过了严重损害中国主权的《雅尔塔协定》。这一协定明确表示，外蒙古的现状须予维持；苏联在大连港的优越权益须予保证；苏联租用旅顺港为海军基地也须予恢复；对担任通往大连港之出路的中东铁路和南满铁路，须设立苏中合办公司以共同经营等。1945年8月14日，蒋介石以苏联不得援助中共为条件，与苏联签订了友好同盟条约，接受了苏联严重损害中国主权的《雅尔塔协定》中的相关条款。可以说，在整个抗战时期，蒋介石政府接到的美国等西方国家和社会主义的苏联的援助是源源不断，而中国共产党人的大量装备甚至生活之必需，却只是从敌人手中夺取，这恰如著名的《游击队之歌》中所唱："没有吃，没有穿，自有那敌人送上前；没有枪，没有炮，敌人给我们造。"当然，共产党所领导的各个抗

三 从国共两党在两个不同战场上的不同作用……路线的正确

日根据地为打破敌人特别是国民党的严密封锁，自己动手，造枪造炮，解决吃饭穿衣等问题，也发挥了关键的作用。

另外，还需要指出的是，八年抗战中，国民党的军队不仅得到社会主义苏联的援助，而且得到以美国为首的西方国家的援助。中国接受的国外所有援助几乎都被蒋介石政府所接纳。全面抗战爆发前后，德国助蒋整训了30万精锐部队，并卖其大量军火物资持续到1938年，至少有1.44亿马克（约合5816万美元）。英国对中国援助不到四千万英镑（约1.84亿美元）。而美国对华援助约为16.02亿美元。即使在这样情况下，共产党领导的军队却在敌占区搅得日本侵略者鸡犬不宁。英国教授林迈可曾在八路军根据地生活过多年。1967年，他对一个前日本军官断言说：如果八路军有越共得到的那样数量充足的外援，"他们就会在一年内把你们赶出中国。"[①]

[①] ［英］林迈可：《抗战中的红色根据地——一个英国人不平凡经历的记述》，杨重光、郝平译，李效黎校，解放军文艺出版社2005年版，第21页。

谁是抗日战争的中流砥柱?

据以上事实和数据,从总体和本质上说,国民党政府虽然也曾在抗日战争中不时处于"中流"的位置,但它往往动摇、彷徨、妥协、退让,结果是消极抗战、溃散甚至溃逃,并没有起到"砥柱"的作用。这可以进一步清晰看出,唯有中国共产党才是抗日战争的中流砥柱。

我们是彻底的历史唯物主义者,我们决不否认国民党政府在抗战中应有的地位和成就。从整个抗战过程看,尽管国民党在前期采取不抵抗政策,在后期消极抗战、积极反共,但国民党政府的基本利益和民族利益有一致的地方,蒋介石不仅在抗日战争中,而且就其一生来讲,其中包括在1958年大陆炮击金门之时,他都不失为一个民族主义者,有其爱国的一面。而汪精卫一类的卖国贼,则永远被钉在了历史的耻辱柱上。当然,爱国和爱国主义是分层次和程度的,并有着不同质的内涵。共产党人没有自己所代表的阶级的任何私利,唯有国家民族利益和人民利益至上,其爱国和爱国主义是最高层次、最彻底的爱国和爱国主义。而蒋介石及

三 从国共两党在两个不同战场上的不同作用……路线的正确

其政府虽有民族主义的爱国的一面，但与共产党人的爱国和爱国主义有着根本性质的不同，蒋介石集团是让国家民族利益和人民利益服从于他们的狭隘的阶级利益。蒋介石政府在抗战中的各种表现，无论是抗战，还是反共，或是妥协，甚至是企图投降，等等，其目的是为着实现他们所代表的大官僚资产阶级大地主的利益。但他们抗战和爱国的一面，对于国家、民族和人民来说，无疑起着和起过进步的积极的作用。**国民党军队的广大爱国官兵更是在前线与日本侵略者浴血作战，表现了强烈的爱国主义精神。这些都值得全民族尊敬与纪念。**

四 "党的思想上的路线"与"党的政治上的路线"相互关系浅析及历史启示

（一）"党的思想上的路线"与"党的政治上的路线"相互关系浅析

1. "党的思想上的路线"与"党的政治上的路线"的各自内涵。我们认为，**"党的思想上的路线"由两部分组成：一是**指党的指导思想的本身，这就是辩证唯物主义和历史唯物主义，就是马克思主义的世界观和方法论，就是广大党员干部应当确立的正确的理想信念。**二是**指党的各级组织和广大党员干部对党的指导思想学习、领会、掌握和实践的现实状况。二者是有机的统一并相辅相成。而**"党的政治上的路线"**同样是由两部分组成：**一是**指党把马克思主义的普遍真理与当时的具体实际相结合，从而制定的体现党的性质、宗旨的阶段性的政治纲领。这一政治纲领是党的阶段性纲领与党的最高纲领、眼前利益与长远利益、局部利益与全局利益有机有效的统一。**二是**指党的各级组织和广大党员干部对党的政治纲领学习、领会、掌握和贯彻的现实状况。二者同样是有机的统一并相辅相成。

2. "党的思想上的路线"与"党的思想路线"的关系。二者同属于文化的上层建筑，它们既有联系，又更有区别。如前所述，"党的思想上的路线"是指党的指导思想的本身和党的各级组织与广大党员干部对党的指导思想学习、领会、掌握和实践的现实状况，而"党的思想路线"则是党对各级组织和广大党员干部观察和认识问题行为指南的总体要求。现行《党章》明确指出："党的思想路线是一切从实际出发，理论联系实际，实事求是，在实践中检验真理和发展真理。"这一"党的思想路线"亦即认识路线也常常被我们简称为"实事求是"，但这决不能说实事求是已经是存在于各级党组织和广大党员干部思想中的客观现实，更不是说各级党组织和广大党员干部已经具备了辩证唯物主义和历史唯物主义，具备了马克思主义的世界观和方法论，具备了正确的理想信念。

3. "党的政治上的路线"与"党的政治路线"的关系。二者同属于政治的上层建筑，它们同样是既有联系，又更有区别。如前所述，

四 "党的思想上的路线"与"党的政治上的路线"……及历史启示

"党的政治上的路线"既是指党把马克思主义的普遍真理与当时的具体实际相结合,从而制定的体现党的性质、宗旨的阶段性的政治纲领,又是指党的各级组织和广大党员干部对党的政治纲领学习、领会、掌握和贯彻的现实状况。而"党的政治路线"则仅指党把马克思主义的基本原理与当时的具体实际相结合,从而制定的体现党的性质、宗旨的阶段性的政治纲领,是党对各级党组织和广大党员干部政治行为指南的总体要求。比如,党的七大提出的党的政治路线是"放手发动群众,壮大人民力量,在我党的领导下,打败日本侵略者,解放全国人民,建立一个新民主主义的中国"[①]。《党章》明确指出:"中国共产党在社会主义初级阶段的基本路线是:领导和团结全国各族人民,以经济建设为中心,坚持四项基本原则,坚持改革开放,自力更生,艰苦创业,为把我国建设成为富强民主文明和谐的社会主义现代化国家而

---

① 《毛泽东选集》第3卷,第1101页。

奋斗。"党的基本路线也是我们党在社会主义初级阶段的政治路线。

4. "党的思想上的路线"与"党的政治上的路线"的相互关系。从一定意义上讲,"党的思想上的路线"中的党的指导思想是"自在",而"党的政治上的路线"则是"自为"。二者既是理论与实践、指导和被指导的关系,又是有机统一并相辅相成的关系。我们常说,只有理论上的清醒,才有政治上的坚定。或说政治上的坚定,来源于理论上的清醒。都可以引申并说明"党的思想上的路线"与"党的政治上的路线"这二者之间的关系。马克思、恩格斯在《共产党宣言》中指出:"过去的一切运动都是少数人的,或者为少数人谋利益的运动。无产阶级的运动是绝大多数人的,为绝大多数人谋利益的独立的运动。"① 说到底,党的思想上的路线是"为什么人的问题"即为绝大多数人即人民群众谋利益,而党的政治上的路线是

---

① 《马克思恩格斯选集》第 1 卷,人民出版社 2012 年版,第 411 页。

四 "党的思想上的路线"与"党的政治上的路线"……及历史启示

"如何为的问题"即依靠绝大多数人即依靠人民群众自身为人民群众自身而谋利益的现实途径和办法。站在历史的长河中，从整个社会结构讲，一般来说，生产力决定生产关系，生产力和生产关系组成的经济基础决定上层建筑。但是，生产关系对生产力、上层建筑对经济基础也有反作用；在特定条件下，这种反作用起着决定性的作用。"没有革命的理论，便不会有革命的运动"，指的就是其中的这个特殊的作用。从这个意义上讲，党的思想上的路线决定党的政治上的路线。毛泽东提出"思想上政治上的路线正确与否是决定一切的"，指的就是思想的上层建筑和政治的上层建筑对经济基础和生产力的反作用。而在抗日战争时期，彻底打败日本侵略者，则是党的中心任务。党的思想上的路线和党的政治上的路线则是为这一中心任务服务的。在这一历史时期，正因为党的思想上政治上的路线正确，所以我们党才成为了抗战的中流砥柱。在任何时候，党的事业要取得胜利，首先要依赖于党的思想上政治上的路线的正确，同时各级党组织和广大党员干部也必须正确地理解和执行党的正确的思想上政治上的路线。党的历次整风运动和学习教育运动，就是为了提高各级党组织和广大党员干部正确地理解和执行党的思想上政治上路线的能力。

5. 毛泽东同志在晚年虽然犯了错误，但是也提出了不少十分精辟的思想和观点。"思想上政治上的路线正确与否是决定一切的"这一深刻思想的阐发，就是直接基于对林彪提出的"有了政权就有了一切"的批驳而提出的一个十分重要的理论上政治上的结论。毛泽东在《矛盾论》中所说的"一个政党要引导革命到胜利，必须依靠自己政治路线的正确和组织上的巩固"这一结论，其中"组织上的巩固"则依赖于组织路线的正确。而组织路线则是政治路线的有机组成。**毛泽东在晚年把思想上的路线与政治上的路线并列一起并把思想上的路线放在前边加以强调，是十分正确与科学的。这是他在晚年对他自己30多年前所作结论的发展。**

6. 毛泽东之后的党的主要领导人，坚持和

四 "党的思想上的路线"与"党的政治上的路线"……及历史启示

发展着毛泽东的"思想上政治上的路线正确与否是决定一切的"这一科学结论。1989年政治风波和1991年苏联亡党亡国之后,邓小平强调:"中国要出问题,还是出在共产党内部","对这个问题要清醒"。他说:"现在还不放心啊!说到底,关键是我们共产党内部要搞好,不出事,就可以放心睡大觉。"[①] 习近平明确指出:我们多次讲,党的先进性和党的执政地位都不是一劳永逸、一成不变的,过去先进不等于现在先进,现在先进不等于永远先进;过去拥有不等于现在拥有,现在拥有不等于永远拥有。**这都说明,决不是有了政权和执政地位,就可以一劳永逸、永远执政;如果丧失了思想上政治上路线的正确,就可能得而复失、亡党亡国。**这实质上是从一个侧面呼应了毛泽东关于"思想上政治上的路线正确与否是决定一切的"这一论断的正确。

(二)历史启示

1. 在任何情况下,党必须始终坚持思想上

---

① 邓小平:《在武昌、深圳、珠海、上海等地的谈话要点》,《邓小平文选》第3卷,人民出版社1993年版,第381页。

政治上的正确路线。抗日战争时期，中华民族处于亡国的危急关头，是中国共产党坚持的思想上政治上的正确路线，成为了抗战取得胜利的思想政治保障，成功地将民族危机转化为民族开始复兴的契机。坚持思想上政治上的正确路线，关键是坚持辩证唯物主义和历史唯物主义，同时要坚持党的实事求是的思想路线，理论联系实际，一切从实际出发，坚持社会实践是检验真理的唯一标准，在一切工作中都要反对教条主义和经验主义。**在实施"四个全面"战略布局中的今天，根本的出路是要把马克思主义的普遍真理与当今国情世情相结合，这其中就已经包含了借鉴古今中外的各种优秀文化传统，而决不能盲目照搬马克思主义的个别词句搞"马教条"，也不能盲目照搬国外特别是西方的经验搞"西教条"，还不能仅从中国传统文化中寻求指导思想搞"古教条"。抗日战争胜利的根本原因仍在彰显着这一真理。**

2. 在任何情况下，党必须坚持始终为了人民群众、依靠人民群众。人民群众是党的力量

四 "党的思想上的路线"与"党的政治上的路线"……及历史启示

之基,是党战胜各种艰难险阻的阶级基础和力量源泉。抗日战争的胜利证明了这一道理。党既存在于人民群众之中,是人民群众的一部分,又是最先进的部分,必须始终紧紧联系人民群众,依靠人民群众,引导和团结人民群众,以紧紧抓住前进道路上的各种机遇,应对前进道路上的各种挑战。紧紧依靠人民群众,就要求我们真正代表人民群众的根本利益,在任何情况下,都必须始终做到真心实意、全心全意地为人民服务。人民群众是真正的英雄,真心实意、全心全意为着他们,依靠他们,他们才会跟着党披肝沥胆,一往无前,去创造无比灿烂的明天。无论何时,不管党面临什么样的困难和危险,只要真心实意地依靠人民群众,就一定能够战胜困难和危险。这也是抗日战争的历史给我们的宝贵启示。

3. 在任何情况下,党必须正确把握事物的主要矛盾及其规律。抗日战争之所以取得胜利,关键因素之一就是中国共产党深刻认识到并始终紧紧抓住"中日民族矛盾"这个主要矛盾。

谁是抗日战争的中流砥柱？

这一历史启示要求我们要深入研究我国当今社会各种矛盾的发展变化特别是主要矛盾的现状及其发展变化，深入研究当今我国在国际事务中所面临的各种矛盾特别是主要矛盾的现状及其发展变化，不断与时俱进，及时根据变化着的形势，寻找正确的应对之策。

4. 在任何时候，全党特别是党的领导干部，必须保持艰苦奋斗、清正廉洁的思想作风和工作作风。始终保持艰苦奋斗、清正廉洁的思想作风和工作作风，绝不仅仅是个人和家庭的私事，共产党人特别是高级干部的世界观涉及党和国家变不变质、老百姓受不受苦的天大的事。党的高级干部队伍中若多几个亿万富翁，我们的党、国家和民族就必然少几个马克思主义的政治家特别是思想家，极而言之，还可能最终导致党的轰然倒塌。艰苦奋斗、清正廉洁是党的政治本色。**党在抗日战争时期正确的思想上政治上的路线之所以得到制定与贯彻，党的各级特别是高级干部的艰苦奋斗、清正廉洁的政治本色是根本的保障之一。全面深化改革，**

四 "党的思想上的路线"与"党的政治上的路线"……及历史启示

同样需要这样的本色。这一本色的本质就是要克服私心、出以公心。周永康等人的现象，很值得我们深思与警惕。果断坚定地反腐，这也是全党全军全国各族人民对以习近平同志为总书记的党中央充满信心的根本缘由之一。

5. 在任何时候，全党特别是党的领导干部，必须坚定正确的理想信念。党的正确的思想上政治上的路线确定之后，干部便是决定的因素。党的各级领导干部对党的事业必须绝对忠诚，任何时候都必须保持必胜的信念。抗战时期，即使在十分困难的情况下，毛泽东同志都始终表现出抗战必胜的信念。这对坚定全党、全军、全国人民抗战信心发挥了重大作用。他在抗战即将胜利时，党的七大上明确指出："我们共产党人从来不隐瞒自己的政治主张。我们的将来纲领或最高纲领，是要将中国推进到社会主义社会和共产主义社会去的，这是确定的和毫无疑义的。我们的党的名称和我们的马克思主义的宇宙观，明确地指明了这个将来的、无限光明的、无限美妙的最高理想。"① 党的十八大标志着中国共产党进入一个新的历史时期，在这一历史时期，我们心目中同样应该悬着为现在的阶段性纲领即实现中华民族伟大复兴的中国梦而奋斗和为将来发达的社会主义和共产主义而奋斗这样两个明确的目标。一切中国共产党人，一切中国共产主义的同情者，一方面必须坚定共产主义的理想信念，同时也必须为着现阶段的目标而奋斗。如果不能坚定共产主义的远大理想，或是看不起中华民族伟大复兴的中国梦当前这一阶段性纲领而对它怠慢，都不是一个自觉的和忠诚的共产主义者。

习近平总书记指出："对马克思主义的信仰，对社会主义和共产主义的信念，是共产党人的政治灵魂，是共产党人经受住任何考验的精神支柱。"② 坚定正确的理想信念，来源于理论上的清醒和坚定。而要做到这一点，全党特

---

① 《毛泽东选集》第3卷，第1059页。
② 中共中央宣传部：《习近平总书记系列重要讲话读本》，学习出版社、人民出版社2014年版，第160页。

四 "党的思想上的路线"与"党的政治上的路线"……及历史启示

别是党的高级领导干部就必须认真学习马克思主义的基本理论。1939年1月28日,毛泽东在八路军延安总兵站检查工作会议总结时发表讲话。他在讲到学习问题时说:有了学问,好比站在山上,可以看到很远很多的东西。没有学问,如在暗沟里走路,摸索不着,那会苦煞人。学习的方法是"挤"和"钻"。[①] 1940年12月底,毛泽东接见从前线回来到中央党校学习的同志,同他们进行谈话。谈话中,亲切勉励大家,强调干部精通马克思列宁主义的重要性,说:没有大量的真正精通马克思列宁主义革命理论的干部,要完成无产阶级革命是不可能的。[②]

马克思主义的一个基本观点,就是人是生产力中最革命最活跃的因素,同时也是生产关系总和组成的社会经济基础和政治、文化上层建筑中的最革命最活跃的因素。在人的这一因

[①] 中共中央文献研究室编《毛泽东年谱》(一八九三——一九四九)(修订本),中卷,第109页。
[②] 同上书,第251页。

素中，全党同志特别是党的高级领导干部的素养更具重要性。这一重要性集中体现在：一是马克思主义理论水平的高低，二是能否具有出以公心的世界观和价值观。从一定意义上讲，党的高级领导干部的这两个要素决定着党的思想上政治上的路线正确与否，而马克思主义的理论水平则更具根本性。正是从这个意义上讲，进一步巩固提高全党特别是党的高级领导干部的马克思主义基本理论水平刻不容缓、迫在眉睫。

附录 青年学生的爱国情怀和对历史问题的深切关注
——对李慎明、张顺洪抗日战争研究文章热烈反响的来信摘编

李慎明、张顺洪的文章《抗日战争胜利关键是中国共产党思想上政治上路线正确——兼论抗日战争中国共两党两条路线、两个战场的关系》2015年8月20日刊载于《世界社会主义研究动态》第101期，《人民日报》2015年9月15日一个整版摘要发表，《历史研究》2015年第4期发表了全文，在读者中引起较大的反响。最近，我们收到近百名青年学生寄来的读后感。这些读后感反映了青年学生对历史问题的深切关心和对历史虚无主义鲜明的反对态度，同时也反映了他们对现实问题的一些看法和担扰，饱含了青年学子对党和党的领袖以及对国家和人民的忠诚、坦荡和赤子情怀，洋溢着他们为实现中华民族伟大复兴的奋斗精神。特刊发部分读后感，以飨读者。

北京科技大学硕士研究生徐伟生：李、张两位老师的文章开篇谈到毛主席的两句话："一个政党要引导革命到胜利，必须依靠自己政治路线的正确和组织上的巩固。""思想上政治上的路线正确与否是决定一切的。党的路线正确

谁是抗日战争的中流砥柱？

就有一切，没有人可以有人，没有枪可以有枪，没有政权可以有政权。路线不正确，有了也可以丢掉。"读了以后，我有深刻的体会。革命的道路是十分艰难的，每一次的路线错误都会使得革命的队伍遭受惨重的损失。现在，以美国为首的西方列强仍然对我们虎视眈眈。我们必须坚持走社会主义道路，必须紧紧依靠人民，始终坚持为人民服务，发动人民群众才有希望。因此，作为我们大学生应当培养热爱劳动人民的思想感情，培养为人民服务的思想感情，努力学习马克思主义，树立共产主义信仰。

北京科技大学本科生徐晓爽：抗日战争已经过去70年了，这场胜利太来之不易了！当时共产党面临的困难实在是太大太多，抗日胜利饱含着太多的艰辛，我们难以体会到。那么多革命勇士换来的成果——祖国的独立，来之不易。当今有的人却在贩卖民族的利益，金钱蒙蔽了一些人的双眼，为了个人私利什么都做得出！在当下，我们该怎么维护人民用鲜血换来的胜利果实，我们该怎样保护民族国家命运？！

我们要做的事太多，就像毛主席说的：要造就这样的一大批人，这些人是革命的先锋队；这些人具有革命远见；这些人充满斗争精神和牺牲精神；这些人是胸怀坦白的，忠诚的，积极的，与正直的；这些人不谋私利，唯一的为着民族与社会的解放；这些人不怕困难，在困难面前总是坚定的，勇敢向前的。我们就是要做这样的人。

清华大学硕士研究生陈钏：这篇文章从思想路线、政治路线这一个关键因素方面，指出了抗日过程中全国各主要力量的不同，并用不可辩驳的历史材料说明了不同思想政治路线下的抗战效果，可谓理论事实俱在，不容辩驳。我们现在纪念抗战，学习抗战史，一方面要缅怀我们的先烈，学习他们的英雄主义、浪漫主义、乐观主义精神；另一方面，也要以史为鉴。今天，国际上与美日等国的矛盾是不可避免的；国内有一些官僚政客和私营资本与国外势力勾结，对公共资产进行疯狂掠夺，造成了严重的社会分化。在这种情势下什么样的思想政治路

谁是抗日战争的中流砥柱？

线才是正确的呢？我认为要解决国外国内的这些矛盾，就必须加强社会主义建设；朝着社会主义走的思想路线、政治路线才是正确路线。不管措施政策如何，如果违背了这一方向，就不会解决当下的基本问题，引领中国走过目前的危局。

中共中央党校博士研究生何海燕：为什么人的问题在政治军事等行为上就表现为思想路线和政治路线问题，思想上、政治上的路线问题成为民族、国家、政党之间较量的根本因素。如果对此认识不清，就难以理解中国共产党思想上政治上的路线正确对中国人民抗战胜利起到的关键作用，就会随波逐流，盲目相信一些别有用心的网络、微信、书籍等对中国共产党在抗战中起的中流砥柱作用做出的歪曲评价，罔顾事实地认为国民党才是抗战的中流砥柱。甚至还有人认为中国抗日战争胜利的关键是美国给日本本土扔下的两颗原子弹。这是因为这些人既不懂历史唯物主义，又不认真学习中国近现代史，忘记了自己作为一个真正中国人的立场，在思想意识上站到了错误的队伍里。

中国林业大学本科生皮森淼：有什么样的思想便会做出什么样的行为。毛主席、共产党人在了解中国农民、中国农村的基础上，树立了坚定的"为人民服务"的思想，但是这些思想又不是凭空产生的，而是源于他们长期以来受压迫、受欺负的人生经历，源于与人民共患难的真情实感，因而这些思想不是生硬的教条，而是活生生的理论，正是因为有了这些思想，革命党人才能在革命的道路上无所畏惧、所向披靡。

共产党之所以能够在战火纷争、局势复杂的中华民族救亡图存的危急关头解民于倒悬，挽民族于危难，其根本原因便是共产党人有着坚定的"为人民服务"的信仰，为了这种信仰，共产党人可以克服一切困难，甚至牺牲生命也在所不惜。人最怕的是什么呢？就是人生没有方向，没有方向人就没有力量，就没有凝聚力，人再多也是一盘散沙。

山东大学本科生魏中凯：思想主导行动，

行动产生结果。国共两党思想不同,共产党人是"不谋私利,唯一的为着民族与社会的解放",而国民党人"往往本身就是大资产阶级,甚至是官僚买办阶级"。一个是为民族社会解放而抗战,一个是为着自己的私利而战斗,思想不同他们的行动自然也就不同,共产党主张全民抗战,联合抗战,国民党却妥协退让,积极反共。结果众所周知,真正为人民着想的人,他拥有无穷的人民的力量,必然走向胜利。不顾人民死活的人,会失去人民的拥护,逐渐土崩瓦解。当代青年,就必须需要最先进的思想做指导,需要关注集体的共同利益,而不是自己的一点私利,需要关注到个人的成长,而不是眼里只有事没有人。一句话,思想是灵魂。

北京航空航天大学博士研究生黄建:今天日本军国主义又开始甚嚣尘上,对外我们要谴责日本忘记历史,对内更应反思我们民族为什么会有这些屈辱,是不是我们民族有些缺点不利于我们的发展。作为大学生,从自身上看到了一些知识分子的缺点:自私、胸无大志、眼高手低、名利心重、国家民族意识淡薄；尤其是名利心重，不少同学求学的目的就是为了挣钱——将财富和荣誉的获得与人生幸福画等号，而且为了达到目的不考虑他人感受，甚至违反道德法律。同样地，今天许多知识分子似乎也是为了自己的一亩三分地而做科研，身上少有对科学的热爱，更少有对人民和民族的责任感。同时，由于脱离人民，不接地气，为了职称和项目经费而匆匆忙忙，论文和专利出了一大堆，却少有实用的成果。这与封建王朝时的知识分子和官僚群体有何区别？这样下去，最后怎么能不受外敌欺负？

中共中央党校博士研究生罗旭春：《抗日战争胜利关键是中国共产党思想上政治上路线正确》一文给人以深刻的启发。**一、我们需要铁肩担道义的精神**。作为博士研究生，我们当然要夯实我们的学术功底，但更为重要的是培养我们的忧天下的情怀。只有这样，我们才有可能做出一些于国于民有用处的事情，否则就只能成为一己之私的令人可恶的"臭老九"。

二、应善于理论联系实际地分析问题、解决问题。在以后的学习中，必须学会运用所学的理论知识来分析问题、解决问题，只有这样才能将理论学得深入，才能使所学理论转化为认识世界改造世界的力量，也只有这样才可能在认识世界、改造世界的过程中深化理论、发展理论。

北京师范大学硕士研究生王满林：文章第三部分是全文的重点，也是最精彩的一部分。在这里，作者把中国的抗日战争放到世界反法西斯战争的历史进程中去看，正确地解释了中国抗日战争的进程为什么是这样。同时，向我们展示了国民党抗战的实质以及中国共产党抗战的历史功绩。这篇文章通过两方面的对比给我们清晰地展示了国共两党抗战的不同，使我们更加坚信中国共产党在抗日战争中发挥了中流砥柱的作用。我们也可以看到，**抗日战争的胜利并不是一个必然事件**，如果没有中国共产党，中国共产党的思想上政治上的正确路线，单独靠国民党抗战，历史的结局完全有可能是另一个样子。

中国科学院博士研究生周芃君：这篇文章我是一口气读下来的，感觉很顺畅。其中一点**让我感触特别深的就是毛主席的大度、宽容、智慧、慈悲心。**他始终把日本帝国主义与中华民族的矛盾当作中国面临的主要矛盾，强调要战胜日本帝国主义，就要建立抗日民族统一战线；要建立抗日民族统一战线，根本问题是要处理好国共两党的关系；并且充分肯定国民党军队在抗战中的积极作用。这样的胸襟与智慧真是让人感动。这一点也提醒了我们在**工作和学习时要善于把握矛盾的主次、轻重缓急；告诫我们始终要把全民族的利益放在最高位置上。为正义事业而战还是为个人利益而苟活，我想这篇文章已经给了我们清晰明确的答案。**

中国农业科学院硕士研究生张统雨：今天再看李、张两位老师的这篇文章，感触很深。正是由于共产党是真正的马克思主义者，坚持历史唯物主义，因此，在困难面前他们能够透过表象看到问题的本质，找到出路。**共产党不**

谁是抗日战争的中流砥柱？

仅在人格上赢了国民党，在战略战术上更不用说。突然发现国民党这个阶级好丑陋。事实胜于雄辩，尽管很多"国粉"鼓吹历史是由胜利者书写的，说共产党胜利了，历史就由共产党说了算。今天，尽管共产党腐败问题很严重，但我相信社会主义革命和建设的前途一定是光明的，中国人民必将建设好社会主义。这样一个伟大而又崇高的理想需要千千万万个中华儿女共同努力，吾辈要为建设这样的大厦添砖加瓦。

北京航空航天大学博士研究生成金鑫：当下中国的思潮十分混乱，历史虚无主义甚嚣尘上。其中一个重要的内容就是借着讨论抗战中国共两党究竟谁是中流砥柱这个问题，来试图质疑共产党政权的合法性，从而实现其不可告人的阴谋。不幸和可悲的是，我们身边的大多数青年人是不读书的，对历史问题不关心。他们的历史知识主要来自讲台、网络。网络早已成为敌对势力文化入侵的利器。我的同学们还有这样一种心理：即从正规课本上或者讲台上得来的历史知识，尤其是现当代史的知识都是统治阶级的说教，是为了维护他们的利益，是胜者为王败者贼的表现。所以，他们一旦从网络上听到了与课本上或讲台上不同的声音，往往会更倾向于信任其说法。**我们从小接受的"丑化政治、去政治化"的教育，现在已经成了大家的潜意识。这的确是敌对势力不战而屈人之兵的高招。**

郑州大学硕士研究生郭兵博：看过这篇文章，第一点让我明白了今天的生活，让我明白了抗日战争胜利的关键是中国共产党思想上政治上路线的正确性。**一个政党，只有具备了正确的指导思想，这个国家才会有一个光明的前途，这个民族的未来才会有复兴的可能。**当下的中国，表面上看正处于一种和平稳定的发展局面，其实我们的国家正在面临着很严重的经济和政治危机。例如，以美国为首的西方世界利用媒体对我国进行全方位的包围，利用互联网与我们抢占文化阵地，从思想和文化上控制我们，攻击我们的领袖。我们在这个时候更需要中国共产党的正确的指导思想,来带着我们这个民族向更好的方向发展。**我们需要过去的那种共产党人的爱国情怀和为了祖国与民族大义敢于牺牲的精神。我们要振作起来,迎接挑战。**

中国中医科学院硕士研究生孙彩霞:从国共两党在两个不同战场上的不同作用看中国共产党思想上政治上路线的正确。从四个阶段力量对比变化来看我们不难发现,**正确的路线才会取得成功。真正为人民的力量才能得到人民的拥护。正义的事业不管多么艰难但它有前途,非正义的力量不管现在多强大但最终将被消灭殆尽。对真理的追求有多真,动力就有多强,力量就有多大,未来就能走多远。**

中央民族大学本科生张孟华:本篇文章列举大量史料,从多重角度论证了共产党在抗日战争中发挥了中流砥柱的作用。**现在有一股风,就是为国民党翻案的风。这是一股歪风,一股邪风。我们要客观对待历史,但绝不能搞历史虚无主义,颠倒黑白。无论敌人怎样美化历史,他们的用意也是很简单，搞垮你，搞烂你。**我们要怀揣着一杆标尺，人民的标尺。有了这杆标尺，才能做出正确的度量。**

北京航空航天大学本科生龚晓鹏：近期拜读了李、张两位老师的文章，对抗日战争时期共产党在思想、政治上的路线有了更清晰的认识，同时也更加深刻地认识到了思想、政治路线的重要性。**我们现在又何尝不是面临着一场新的战争呢？西方国家对我国的文化战毒害了无数青年，有不少人已沦为牺牲品，对社会主义事业失去了信心，一味崇洋媚外。西方西化分化我国的政策试图将我国的社会主义建设引入歧途。这是一场没有硝烟的战争，但却同样生死攸关。** 在这场新时代的战争中，我们必须牢牢抓住马克思列宁主义、毛泽东思想、中国特色社会主义的主线，决不能走全面西化的邪路，否则就会沦为西方资本主义社会的附庸。我们搞经济建设的同时，决不能忽视精神文明建设。就像毛主席指出的，"思想上政治上的路线正确与否是决定一切的"。

谁是抗日战争的中流砥柱？

北京航空航天大学本科生李子铭：一个时期以来，一些媒体经常宣传国民党军队牺牲大，在正面战场大规模作战，吸引了日军大量兵力，而共产党军队只不过打打游击，不能左右大局。越来越多的人持这种观点，对官方宣传有抵触情绪。如今有些媒体高唱国民党的赞歌，相信的人越来越多，居心叵测，不可不防。**抗日战争的胜利靠的不是武器装备，而是人心的力量。我们需要团结人，需要革命的英雄主义、乐观主义和浪漫主义。**而我们现在必须认真学习，在丰富的社会实践中磨练自己，这样才能在将来国家需要我们挺身而出的时候，铁肩担道义，为中华民族的伟大复兴贡献一份力量。

北京航空航天大学博士研究生杨康：抗日战争胜利的关键是中国共产党思想上政治上路线正确。这本是一个无可辩驳的事实，但近年来却有很多反对的声音，如"国民党才是中流砥柱"，"共产党是假抗日、真发展"。这样的论调一度让许多人开始质疑：我们的党和我们所敬爱的领袖毛主席是真的中流砥柱吗？在这

附录 青年学生的爱国情怀和对历史问题的深切关注

样的背景下,李、张两位老师详细地分析了抗日战争的过程,用无可辩驳的事实反击了各种反面言论,让我们青年学子很是激动。越读这篇文章,越觉得共产党和毛主席的高明,越觉得《论持久战》的伟大,是毛主席伟大的战略眼光挽救了中华民族。我们应该永远记住这段历史。**网络上的斗争在今天越来越激烈了,国外反华势力花了很大力气在网络上组织水军,歪曲历史,污蔑领袖,我们必须给予有力地还击,否则当人民群众被大面积洗脑之后,民族的脊梁就有可能坍塌。**

华中师范大学硕士研究生杨静云:感觉这篇文章对我的思想有一个拨乱反正的作用。以前不管是在课本上学的还是老师讲的都说抗日战争胜利主要是有四个原因:第一是建立了以国共两党合作为基础的抗日统一战线,第二是共产党起的中流砥柱的作用,第三是国民党的正面战场所起的重要作用,第四是爱国华侨和世界人民的大力支持。**这四条当中看上去只有第二条是说共产党的直接作用的,以前我心里**

谁是抗日战争的中流砥柱？

也一直这么看，共产党只是抗日战争胜利的一部分。现在我知道了，共产党思想上政治上的路线正确是抗日战争胜利与否的关键。

在网上看到的一篇文章说抗日战争中国民党参战的军队更多，人数更多，伤亡更大，我就觉得虽然当时蒋介石抗日是被逼的，但是在民族存亡危急时刻，国民党还是站出来了，也有很多流血牺牲；而共产党在经历了红军长征以后，人数锐减，再加上当时国民党的围追堵截，实力大打折扣，不管是从人数还是武器装备上都与国民党无法相比。虽然抗日积极性很高，但是心有余而力不足，在歼敌上所做的贡献就没有国民党那么大了。我甚至觉得中国抗日战争的胜利是有一些侥幸的，要不是太平洋战争的爆发，苏德战场的胜利，美国投放的原子弹，日本当时不可能投降。现在想想，这种想法是很可笑的。

首都医科大学本科生史宁宁：这篇文章内容层次很清晰，分析了共产党和国民党在思想政治路线和各自战场的关系，形成了鲜明的对比，看后收获很多，启发很大。一、自己对抗日战争事实的了解更深入具体。二、对历史唯物主义和思想政治路线的重要性理解更为深入。尤其是思想政治路线，这个学问很大，要真的下功夫好好研究琢磨，这是抗战的关键。三、对具体工作的启示。这篇文章给我们敲响警钟，为人民服务的路线，才是真正解决问题的路线。

中国科学院（成都）博士研究生丁忠涛：中国共产党不仅亲自参与反抗侵略者的斗争，还积极依靠人民群众、联合各界力量进行顽强的抵抗，根据实际情况采用灵活机动的战略战术，且由于思想和政治路线正确而能够团结广泛的力量。中国共产党所领导的人民军队在敌后有着顽强的生存能力和发展能力，并非是参加共产党的人天生就比参加国民党的人更不怕死，而是共产党的思想路线比国民党不知道要高明多少倍，可以将胆小鬼武装成勇士，可以将自私鬼改造为义士。

哈尔滨医科大学本科生赖春莲：文章通过

谁是抗日战争的中流砥柱？

对中国共产党思想上政治上的路线总结，对比了国共两党在不同的抗日历史发展阶段的态度和举措，展现了国共两党各自抗日的阶级实质，让我们懂得**只有中国共产党才从根本上维护中华民族的整体利益，而不是国民党为少部分的大官僚资产阶级大地主利益服务，牺牲中华民族的整体利益。**

中国人民大学本科生张秋雅：这篇文章给我的最直接的感受就是：自己对中共的抗战史又多了一些了解。曾经听过很多言论，说抗战的主要力量其实是国民党。对这种说法，我一直不知如何评价。而这篇文章很详细地阐述了国民党和共产党在不同阶段对抗战的态度以及双方为抗战做出的努力和牺牲，让我能够更加清晰地去认识这段历史，更清晰地面对日常生活中的各种声音。除此之外，**我在这篇文章中感受到了一种情怀——共产党以人民利益作为指导自己路线的根本。**

北京科技大学本科生凌童：读完这篇文章，我强烈地感受到了中国共产党才是抗日战争中的中流砥柱。中国共产党很清醒地认识到一个政党要引导革命到胜利,必须依靠自己政治路线的正确和组织上的巩固。但是,**现在有一些共产党人并没有深入人民群众,官员腐败现象十分严重,把我们的党与人民对立起来了。**这样怎么能实现国家的长治久安?怎么能实现国家的繁荣富强?又怎么能实现中华民族的伟大复兴?现阶段,我国的周围危机四伏,美国的军事基地围绕在我国的周边、美国政府对我国的"十条诫令"、中日钓鱼岛之争十分激烈,南海争端不断。而近些年来,国内大量官员腐败,官民矛盾激化,食品安全问题层出不穷,民族分裂势力和恐怖势力猖獗。国内外形势都不容乐观,我想**要真正实现中华民族的伟大复兴,关键也在于中国共产党在思想上和政治上的正确路线。**

北京科技大学博士研究生杨必文:近几年来,对于抗日战争是共产党功劳大还是国民党功劳大,网上争议颇多,一大批"国粉"蜂拥而来,甚至出现"国民党中流砥柱"一面倒的情况。要与这些"国粉"辩论，我发现自己很难下手。最近读了这篇文章，很受启发。主要有两点：一是抗战胜利关键是思想政治路线上的正确；二是爱国是分层次的，即有质的差别。关于第二点，我开始体会到爱国是有境界的，一些人是真正的发自心底热爱祖国，绝不容敌人来侵犯，他们是最伟大的爱国者；而一些人则是受抽象的民族大义、面子等胁迫，不得已爱国；还有一部分人打着世界公民的旗号，到处宣传"普世价值"。**我们的年轻人包括青少年真的很需要爱国主义教育，需要培养对生我养我的土地的热忱、对身边的有着共同文化熏陶的人的关爱，这样才能做到爱国的感性和理性的统一。**面对着国外敌对势力的虎视眈眈，我们要认真努力地学习，要有坚定的爱国情怀。

中国地质大学博士研究生刘晓：读了此文，一个印象是李、张两位老师非常重视真实可靠而翔实的第一手材料，实事求是，非常值得我们学习。今天，在美帝国主义的支持下，军国主义有抬头之势，为中华民族敲响了警钟。我们不能忘记历史的惨痛教训。

北京科技大学硕士研究生朱健：我在看李、张两位老师论述"从国共两党在两个不同战场上的不同作用看中国共产党思想上政治上路线的正确"时，深感其逻辑严谨、材料扎实、论述精到、笔力铿锵。以前，若干跳梁小丑写文章叫嚣国军为抗战主力论调，我看到更多的是情绪上的辩驳，而缺少扎实有力的回击文章。意图混淆历史、自我吹嘘并且从中谋取利益的那些跳梁小丑是卑劣的，他们以无辜的死难者、以被屠戮的同胞的鲜血和生命为自己谋取暴利，讨好国内外反动势力！对于这些人的有力回击，在当前形势下是非常必要的。李、张两位老师的分析恰恰是对这些论调的致命一击！

北京科技大学本科生陈浩峰：这篇文章让我重新缅怀了那些浴血奋战的志士仁人，并由此产生了一些思考与感悟。虽然战争已过了70年，但我们也决不可以掉以轻心，麻痹大意，在粉饰太平里挥霍青春与生命。况且，如今党内腐败问题已十分严重，很多国民只知物质享

谁是抗日战争的中流砥柱？

乐,活在"后现代社会"的深渊泥潭中无法自拔,确实需要振聋发聩的敲打。但是打仗,代价太大,我们不希望付出惨痛的代价。不过如果形势确实如此,也容不得我们有害怕牺牲的心理。**无论如何,我们都应记住自己是中国人,是炎黄子孙!只有中国,才是我们真正的家。对美国的和平演变,我们必须时刻警醒。如若不然,苏联的残酷事实就会再次上演。**铭记历史,缅怀先烈,珍爱和平,开创未来!

北京科技大学本科生周兵营：这篇文章以荡气回肠的气魄和求实严谨的逻辑脉络,以历史唯物主义的科学观念,揭示了抗日战争胜利的关键在于中国共产党在思想与政治上的路线正确,解答了我们心中的很多疑惑。我终于明白,在国共两党的斗争中,**毛泽东与蒋介石的较量,并不是什么"成王败寇",他们本质上就有着不同,一个代表人民,一个代表资本家。**毛泽东就是代表广大人民的,是人民的忠实公仆,是一代伟人,是一个真正为人民服务的人。我曾经接触过一种观点:抗日战争的主要功劳

附录　青年学生的爱国情怀和对历史问题的深切关注

在国民党的大型作战，在这些战场上，国民党同日本帝国主义进行了殊死较量，损失惨重，同时也重创了日军，而共产党却趁国民党同日军艰苦作战的时候，休养军队，发展根据地，扩大队伍，坐观虎斗。当时自己什么也不懂，看到这样一种不同以往的观点，又没有主动去调查研究，就自然而然地相信了，而且甚至拿着这样的观点到处卖弄，显得自己比别人高明。但是后来，也发现这种观点的许多漏洞。看了这篇文章，更受启发。历史本就应该有人捍卫它的真实，唯物史观就是武器。

北京科技大学本科生沈康晴：李、张两位老师在文章里说：正确的思想上的路线是正确的政治上的路线的根基。我想"正确"一词也是包括了"深刻"、"坚定"的内涵的。知道一个道理似乎不那么难，尤其是有良师益友的指点、交流，可是懂一个道理并且自为地去践行它就没那么简单省事了。我琢磨着，大概有几件重要的事需要坚持长期做下来，才可能有一天树立坚定的信仰。首先是要认真深入地学习

谁是抗日战争的中流砥柱？

马克思主义理论，用逻辑的方法从历史的视角把道理分析清楚，把正确的道理思想观念作为准则，作为鞭策自己行为的指南。在学习生活实践中，与原来的不正确的思想观念作斗争。

上海大学本科生王伟迪：读完这篇文章，我对抗日战争有了一个更加清醒的认识。这篇文章列举了很多的事例、数据，告诉了我详细的历史事实，也更加坚定了我的信仰。高中时，老师也会跟我们讲一些历史细节和数据，但有时会强调：历史都是由胜利者书写的。这使我产生了一些错误认识。我非常感谢老师们写了这篇文章，让我能够掌握更多的关于那段历史的资料，这样我能更好的向别人阐述马克思主义的观点和信仰，不会在某些质疑面前显得苍白无力，被别人称作"脑残粉"和"被洗脑的人"。我相信以后我会以一个坚定的、理性的爱国主义者出现在别人的面前。

中国农业大学硕士研究生白慧：李、张两位老师说到一个现象，近年来很多书籍、媒体上宣传国民党是抗日战争的中流砥柱，而共产党却是趁机发展壮大自己，并且出现了一群新的粉丝——"国粉"。我自己虽然明白这应该是一种文化战，然而让我说出个所以然来我却做不到。这篇文章解答了我心中的困惑，同时也教给我如何研究问题，如何实事求是。文章运用科学分析，还有丰富全面的史料，把"共产党在抗日战争中的中流砥柱作用"阐释得非常清楚。作为一个人，要有明辨是非的能力，否则就会被蒙蔽、受害甚至做出一些错误的事情。**在当今时代，文化战正激烈，我们应该提高自己的辨识力，掌握分析问题和解决问题的科学方法。**

中国农业大学硕士研究生刘文政：读了李、张两位老师的文章，我对抗日战争的胜利的关键因素有了一些思考。在网络传媒中，广泛流传着这样一个观点，即在抗日战争中国民党的军队起到的是中流砥柱的作用，很长一段时间我也是这么认为的。当我看完这篇文章后，开始对之前坚信的观点产生了动摇。我开始思考，**究竟什么才是衡量一个军队、一个国家、一个**

谁是抗日战争的中流砥柱？

民族真正强大的标准呢？在这篇文章中我找到了答案，那就是思想，也就是我所要表达的精神。读完老师的这篇文章，我深切感受到自己的历史视角非常的狭窄，没有很强的辨识能力，不能很好地透过现象看清事物的本质。今后要努力学习，积极实践，在时代的大风浪中无畏地搏击。

中国农业大学本科生钱景琪：李、张两位老师讲抗日战争问题有理有据，有股正气，让我十分信服。现在的青年人很容易被忽悠，看问题看不到矛盾的主要方面，被历史的细节蒙蔽双眼，自以为真实。所以，现在出现了许多"外国粉"、"殖民地粉"、"民国粉"，思想反动，以美为丑；动辄打倒雷锋、邱少云，吹捧国民党，一心想着外国的月亮圆，等等。这些表现已在某些人那里成为了常态。为什么会这样呢？青年人有很强的猎奇心理，辨别力比较差，大多数人的思想被网络、电视等媒体操纵，所以出现了不知好歹的现象。背后更深层次的原因，我觉得是信仰的缺失。没有理想，混日子，安于被媒体洗脑，活的像羊圈里的羊。**如何树立正确的理想信念呢？我觉得最应该做的一点就是讲清历史。一些媒体日夜做的，就是丑化民族英雄，扭曲近代史。**李、张老师的这篇文章，澄清了抗战的历史，有力反击了网络上的一些无耻谣言。政府应努力肃清社会环境，使其充满正气。同时，应该加强理论学习。青年是学习、求索、立志的最好时期，不能甘当打工仔，满足于平庸。从文章里可以感受到老师们的强烈忧患意识。

中国农业大学本科生邓杰：一直以来，身边的人都觉得，抗战时共产党专搞游击战，跑到敌后去，而国民党才是好样的，与日军正面作战。大学生上历史课，老师以共产党的角度把抗战史分为三个阶段，算是说明了国民党不是抗战的中流砥柱。如今，两位老师又以国民党的角度，分为四个阶段，一一从国共两党的思想路线，实际做法上分析，令人信服，令人佩服。并在最后一语道出真谛——爱国和爱国主义是分层次和程度的，并有着不同质的内涵。

谁是抗日战争的中流砥柱？

共产党人没有自己所代表的阶级的任何私利，唯有国家民族利益和人民利益至上，其爱国和爱国主义是最高层次最彻底的爱国和爱国主义。而蒋介石及其政府虽有民族主义的爱国的一面，但与共产党人的爱国和爱国主义有着根本性质的不同，蒋介石集团是让国家民族利益和人民利益服从于他们的狭隘的阶级利益。

（中国社会科学院世界社会主义研究中心编辑：
秦益成　单超整理）